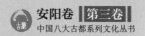
安阳卷 第三卷
中国八大古都系列文化丛书

U0102451

安阳影像图志

安民　编著

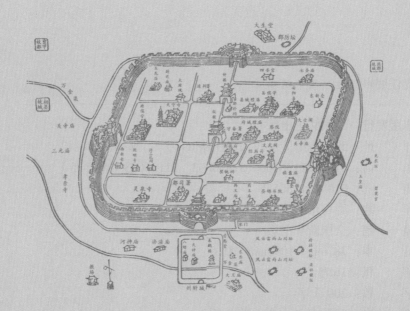

中国文史出版社
CHINA CULTURAL AND HISTORICAL PRESS

图书在版编目（CIP）数据

安阳影像图志 / 安民编著. —北京：中国文史出版社，
2022.9

（中国八大古都系列文化丛书 . 安阳卷）

ISBN 978-7-5205-3623-3

Ⅰ. ①安… Ⅱ. ①安… Ⅲ. ①城市史—安阳—图集
Ⅳ. ①K296.13-64

中国版本图书馆 CIP 数据核字（2022）第 159497 号

责任编辑：金　硕　胡福星

————————————————————————

出版发行：中国文史出版社

社　　址：北京市海淀区西八里庄路 69 号　　邮编：100142

电　　话：010 - 81136606　81136602　81136603（发行部）

传　　真：010 - 81136655

印　　装：廊坊市海涛印刷有限公司

经　　销：全国新华书店

开　　本：787mm×1092mm　1/16

印　　张：16.75

字　　数：200 千字

版　　次：2023 年 1 月北京第 1 版

印　　次：2023 年 1 月第 1 次印刷

定　　价：76.00 元

————————————————————————

总 序

刘朴兵

安阳是中国有名的古都，安阳古都的特点是殷邺一体，安阳大古都包括殷都和邺都两部分。

盘庚迁殷后，商朝在安阳历八代十二王，殷作为商朝的都城共254年。商代灭亡后，殷地渐废为墟，后人称之为"殷墟"。2006年7月，殷墟成为世界文化遗产。殷墟出土的甲骨文是中国最早的成熟文字。2017年11月，甲骨文成功入选《世界记忆名录》。甲骨文使商代的历史成为信史，中国的考古学也肇始于对殷墟的科学发掘。在殷墟还出土有大量精美的青铜器和玉器，其中后母戊大方鼎重达832.84公斤，是目前国内出土的最重的青铜器。殷墟一地，足可奠定安阳大古都的地位！安阳作为殷都，在国内外是没有任何争议的。安阳学者在殷墟考古、甲骨文和殷商文化研究等方面做得也比较好，得到了中国社会科学院考古研究所、中国殷商文化学会的大力支持，形成了一个良性互动的外部环境。

邺初筑城于春秋时期的齐桓公，战国初年魏文侯曾命西门豹治邺。汉代末年，曹操被封为魏王，邺城成了曹魏王国的都城，共 16 年。十六国、北朝时期，邺城先后成为后赵、冉魏、前燕、东魏、北齐的都城。邺作为独立政权的都城，共 78 年。在中国都城建设史上，邺城是一座承前启后的里程碑，它的布局对隋唐以后中国都城的建设产生了巨大影响。北周末年，千年邺城成为废墟，民众南迁至相州。隋唐以后，相州也被人们称为"邺城"。由于相州是邺城的直接继承者，故安阳古都便有了邺都的加持。

安阳作为邺都在国内是有些不同声音的。少数人不承认安阳的邺都地位，主要原因是邺都故址在今河北临漳而不在河南安阳。这一局面是现代行政区划造成的。古都属于历史问题，应该基于历史事实来考察，而非根据现代行政归属来判定。邹逸麟在《中国七大古都》中明确指出："隋唐以后，安阳崛起，经宋、元、明、清为相州、彰德路、彰德府治所，今邺都废址所在临漳县，历来为其属县。至 20 世纪 50 年代初废平原省，安阳、临漳才划属两省。就历史情况而言，安阳（殷）与邺虽相距 20 公里，然两者皆处于漳洹冲积扇，曾有过密不可分的隶属关系，如同关中平原的丰、镐、咸阳、长安一样，是一脉相承发展下来的。安阳的历史，就应该包括殷都和邺都的历史。"①

就殷都、邺都的研究而言，二者是极不平衡的。殷都研究人数众多，总体水平较高，成果丰硕；邺都研究人员稀少，水平参差不齐，成果寥寥。但安阳、临漳两地的学者并未放弃对邺都和邺文化的研究。2010 年 12 月，《安阳日报》开设"邺文化研究"专版，至 2012 年 4 月共刊出 28 期，发表文章 70 多篇。安阳日报报业集团、安阳市地方史志办公室将发表在《安阳日报》"邺文化研究"

---

①　陈桥驿主编：《中国七大古都》，中国青年出版社 1991 年版，第 120 页。

专版上的文章结集为《邺文化探踪》（中州古籍出版社 2015 年版）。
临漳县委宣传部编撰有《邺都探秘》《佛都邺城》《佛都之光》（中
州古籍出版社 2012 年版），临漳县文物保管所原所长张子欣出版有
《邺城考古札记》（中国文史出版社 2013 年版）。由于内容偏重于宣
传，加之发行范围较小，这些书籍在学术界的影响不大。近几年，
安阳古都学会已认识到加强邺都和邺文化研究的重要性和紧迫性，
几次年会的主题都与此相关。相信经过广大学者的不懈努力，邺都
和邺文化研究较为薄弱的局面一定会得到逐步改善。

目前，专门研究和介绍安阳古都的著作已经不少。从考古学角
度介绍安阳（尤其是殷墟）的重要著作有：李济《安阳》（University
of Washington Press，1977），郭旭东《青铜王都——殷墟考古大发
现》（浙江文艺出版社 2003 年版）、《走近殷墟——殷墟考古发掘与
研究》（中国文史出版社 2003 年版），孔德铭《考古安阳》（科学出
版社 2019 年版）。这些著作均在学术界产生了较大影响。

从历史、文化角度对古都安阳进行介绍，始于陈桥驿主编的
《中国七大古都》（中国青年出版社 1991 年版）。郑州成为中国第
八大古都后，朱士光主编了《中国八大古都》（人民出版社 2007 年
版）。陈、朱两书在全国产生了较大的影响，从整体上提高了中国
古都群的知名度和美誉度。安阳本地学者介绍古都安阳的著作有：
许作民《爱我古都安阳》（中州古籍出版社 1999 年版），刘志伟
《古都遗韵 百年安阳》（中州古籍出版社 2006 年版），陈文道主
编、焦从贤编著《安阳·从古都走向世界》（中国文艺出版社 2010
年版），周艳丽《安阳印象》（百花文艺出版社 2012 年版），郭胜
强、陈文道《古都安阳》（杭州出版社 2013 年版）。

中国文史出版社策划的这套"中国八大古都系列文化丛书"是目
前为止体量最大的介绍中国八大古都的系列著作。其中，"安阳卷"

由《安阳古都风采》《安阳名城韵味》《安阳影像图志》三册组成。

《安阳古都风采》侧重于殷邺古都文化，介绍了漳洹流域文明的曙光、世界文化遗产：殷墟、周秦两汉时期的殷邺、魏晋北朝时期的邺都、隋唐宋元时期的相州、明清民国时期的彰德、风姿绰约的古都安阳。

《安阳名城韵味》侧重于安阳古城文化，全面介绍了安阳老城的古城风韵和乡愁记忆，由古城溯源、城渠相依、衙署塔寺、胡同巷陌、建筑民居、街衢繁盛、方言撷趣、乡愁滋味等部分组成。

《安阳影像图志》侧重于安阳影像图志，上编"城脉篇"自公元前1300年盘庚迁殷至1949年安阳解放，下编"城迹篇"自1949年中华人民共和国成立至2021年中国共产党百年华诞。上、下两编共萃取百篇影像图志，是认知古都安阳的导览图册。

"安阳卷"的编著者安民，从小生活于安阳老城。参加工作后，在安阳市城建局任职，并担任城建档案馆馆长多年。他熟谙安阳老城的历史渊源、街巷胡同、建筑民居、名人逸事、风土人情、方言俚语等，谈起安阳的古城文化如数家珍。安民倾心于安阳古城文化的保护、传承，他勤于动笔，出版有《城脉安阳》《城现安阳》等书，可谓是安阳古城文化研究的本土专家。

安阳古都学会的多数本土专家没有经过严格的学术训练。在安阳古都学会2020年年会暨殷邺文化学术研讨会上，我提醒广大会员一定要注意学术规范，毫不客气地说道："学术不规范，在专家学者看来，就是'还没有入流''还没有上道'。你写的文章，不值得别人一看，没有参考价值，也没有信服力。你的观点，哪怕明显是错的，也不值得别人一驳。"有些本土专家听后，可能觉得这是否定他们的成果，感到非常不舒服。安民作为学会的副秘书长，对我的讲话深表赞同。著书写文时，他经常向吕何生等前辈学者请教，虚心向比自己小得多的"学院派"学者学习，力图在学术上弥补自己的"先天不足"。

近几年来，安民在安阳古城文化研究上，很注意学术规范。学术规范，使他"入了流""上了道"，可谓如虎添翼，他熟知安阳古都历史和安阳古城文化，文笔流畅，能写人们喜闻乐道的通俗性的古城文化文章，又能注意文章的学术性和规范性。从这个意义上讲，安民是编写"安阳卷"真正合适的人选。

为了进一步保证"安阳卷"的编写质量，安民诚邀我参与《安阳古都风采》的编写。孔子言："当仁不让于师。"（《论语·卫灵公》）我之所长在学术规范，安民年长我九岁，是我的兄长，从这个意义上说，我是"当仁不让于安兄"了。因此，我痛快地答应了安民的邀请。作为安阳古都学会的会长，这也算是我对"安阳卷"编写的支持。实际上，《安阳古都风采》编写的大部分工作乃是安民一人完成的，我只是在他编写的初稿上进行了一些加工而已。

"安阳卷"的编写，努力做到雅俗共赏，融学术性与通俗性于一体。在引用现代人的著作或文章时，均详细注明引文的来源。在引用古籍时，一般只注明作者、书名、卷数或篇名，如果是后人的注疏文字，则注明古籍的版本信息和所在页码。引文必有源，学术必严谨，这是"安阳卷"的一大特色和优点。

2022 年 4 月 23 日

（作者系安阳古都学会会长，历史学博士、教授）

目录

下编　城迹篇

上编

城脉篇

千年风云际会，一座安阳老城。

"城脉篇"起讫年代自公元前1300年至1949年安阳解放。萃取图文50篇，为您描摹和展现安阳这座千年古城，以及城周四关的绰约风姿。老城风韵历久弥新，人文风情亘古传续，文明的涓涓溪流汇成了江河。让我们溯流而上，追寻厚重的历史足迹，走进古都安阳，徜徉安阳老城，一同领略和感悟这座美丽而丰饶的城市。

第一章

枕山襟河　安阳城郭

安阳，阅尽历史沧桑的七朝古都，3300 多年的光阴承载了厚重的文化积淀，也赋予了她绚烂多彩的色调。从殷、邺、魏郡，到相州、彰德，娓娓诉说着洹水安阳的憧憬和遗梦，仿佛就在昨天。

阅历沧桑，洗尽铅华，明清彰德府古城的筑城形制和厚重历史人文底蕴，不仅是中原华夏文明的见证，还凝结为一份永恒的乡愁记忆，成为这座城市的文化根脉。

1. 三千多年建城史

在 25000 年前的旧石器时代，位于太行山以东，华北平原南部的洹河上游就有小南海原始人洞穴，记录着早期人类的活动，被定名为"小南海文化"。约公元前 1300 年，商代第二十位君王盘庚将都城迁徙到殷（今河南安阳），史称"盘庚迁殷"。之后商王朝在安阳传位 8 代 12 王，历 254 年。商王朝自盘庚迁殷以后逐步步入鼎盛时期，而安阳也成为商代晚期长期稳定的都城。灿烂的殷商文明以甲骨文、青铜器、都市营建著称于世，其中殷墟和甲骨文被分别列入《世界文化遗产名录》和《世界记忆名录》。

世界文化遗产殷墟

甲骨文发现地

小屯南地甲骨

殷墟出土玉象

汉字源头甲骨文

殷墟官殿宗庙遗址

　　殷商都城是依托洹河而建，这里的自然条件得天独厚，面积约
36 平方公里，形成了以官殿宗庙区为中心的环形、分层、放射状
分布的总体规划布局，规模宏大。濒河而建的殷都宫殿建筑群以土
木为主要建筑材料，开创了庭院式宫殿建筑的先河，对中国历代宫
殿宗庙营造产生了深远的影响。以宗族为单位的殷都居民聚落成片
分布，农耕、车马、作坊、铸造等文物遗存众多，城内还铺设了陶
质排水管道。殷墟甲骨文是汉字的源头，也是中华文明的瑰宝。对
殷墟的考古发掘被视为中国近代田野考古学的发端，而"殷墟"也
被评为 20 世纪中国"100 项重大考古发现"之首。"殷墟"证明了
古都安阳已具有 3300 多年的建城史。

2. 杨坚焚毁古邺都

　　殷都废而邺城兴，邺城毁而安阳继。殷都、邺都成就安阳跻身中国八大古都之列。

　　西周灭商后，殷都变为废墟。公元前658年的春秋时期，齐桓公在安阳东北18公里的漳河之滨初筑邺城，西门豹漳河投巫驱阴霾就发生在这里。汉献帝建安九年（204年），曹操攻克邺城，统一了北方。曹操封魏公，在晋升为魏王后，邺城成为曹魏王都。在东汉末年，邺城实际上成为北方的统治中心。曹操营建的邺北城，在中国古代建筑史上具有划时代的重要地位。它延续了战国时期以

曹魏邺城遗址

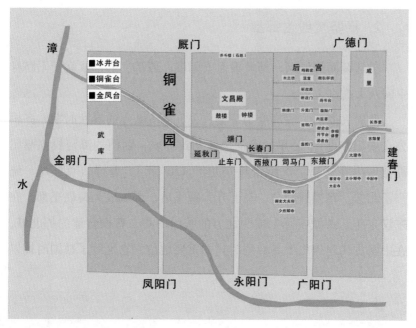

曹魏邺北城平面图（朱小序制图）

宫城为中心的规划思想，宫城、官署、民居功能分区明确，布局严整。其主要道路正对着城门，干道丁字形相交于宫门前，把中国古代一般建筑群落中轴线对称布局扩大应用于整座城市，对后世隋唐长安城、明清北京城的规划产生了一定的影响。曹魏营造的铜雀、金凤、冰井三台飞檐拂云，巍峨壮观。2009 年 12 月，尘封 1800 年的魏武王曹操高陵惊现于古都安阳。

继曹魏之后，先后有后赵、冉魏、前燕、东魏、北齐等政权建都于邺城，它们以都城营造、建安文学、民族融合、佛教传播深深影响了后世，而邺都也成为中国历史上著名的都城。"三曹""建安七子"等邺下文人笔下质朴刚建、悲凉慷慨的建安文学，成就了中国文学史上诗人辈出的重要时期。隋王朝建立前夕，北周外戚杨坚于静帝大象二年（580 年）焚毁邺城，千年名都付之一炬。同时

"大赵万岁"瓦当

邺都出土佛像

三台春景

杨坚将相州、魏郡、邺县三级政权和民众南迁于安阳城,于是殷邺一体。自此,安阳成为中原河朔地区的政治、经济、文化中心,沿袭千载。

3. 洹河塔影胜恒河

钟灵毓秀文峰塔,矗立千年安阳城。

文峰塔原名为"天宁寺塔"。隋唐时期,安阳一带佛教兴盛,至五代后周年间,始建永庆院于安阳古城西北隅,这就是古天宁寺的前身。之后造浮屠宝塔于寺院,天宁寺塔造型雍容华美,挺拔俊秀,巧夺天工。螺髻状莲花宝座托起伞状空心砖塔,奇伟灵秀世所罕见。塔身八面,砖雕佛教人物栩栩如生。宝塔平面八角,塔高五级,塔檐绿色琉璃瓦映衬红墙。塔顶正中耸立着高大的喇嘛塔刹。踏七十二级旋梯登临塔顶,西望太行发思古幽情,俯瞰古城叹沧桑变迁。天宁寺塔具有"上大下小、塔上有塔、塔上有台"的独特建筑风格。

文峰塔、褡裢坑旧影像　　　　　　　文峰塔局部老照片

洹河塔影

文峰耸秀

清乾隆三十七年（1772年）春三月，彰德府知府黄邦宁主持重修天宁寺院，以为寺、塔"居郡庠之艮位，实关合郡文风"[①]，挥笔在古塔门楣上题写了"文峰耸秀"四个遒劲的大字，冀望彰德府文风鼎盛，人才辈出。天宁寺塔此后又称"文峰塔"。

20世纪70年代，中国佛教协会会长赵朴初为文峰塔留下了"层伞高擎崒堵坡，洹河塔影胜恒河。更惊雕像多殊妙，不负平生一瞬过"的赞誉。洹河塔影，气势如虹。千百年来这里香火繁盛，文风蔚然。文峰塔不仅是安阳的地标和象征，更成为安阳人心目中最美的一道风景。

4. 河朔重镇相州城

"相州"是一个古老的地名，源自遥远的殷商时代。商代中期的君王河亶甲居"相"，已经得到现代考古发掘的证实。北魏道武帝天兴四年（401年），以邺所辖六郡之地始置相州于邺城。北周静帝大象二年（580年）邺城毁废，移相州于安阳城。唐宋相州城就是今天的安阳城。

《安阳县金石录》载元代《商王庙碑记》记述相州山川地理云："清漳绕其北，太行阻其西，六峰秀而明，万金通而利，东西延袤几二百里。其川衍，其野沃，其气候平，其风物阜，昔殷王河亶甲都此。"唐宋相州城雄踞华北平原南部，自古为通都大邑、河朔重镇。

北宋真宗景德三年（1006年）增筑修葺相州城。北宋相州城城郭绵亘，规模宏大，共辟有四个城门：东门为"永定门"，因其朝向治所相州城所在的永定县而得名；西门为"通晋门"，因相州

北宋相州州署建筑遗存高阁寺

巍峨的城墙角楼

城的西边为山西省（简称"晋"）而得名；南门为"朝京门"，因北宋东京汴梁（今河南开封）位于相州城之南而得名；北门为"拱辰门"，取意"众星拱北辰"①。北宋相州城中建有牙城，也就是相州的官府州廨，位于安阳老城今马号街高阁寺一带。北宋仁宗至和二年（1055年），三朝贤相韩琦以疾自请知相州，他辟牙城、修甲杖武库，在州廨后园安阳郡园内营建了康乐园、昼锦堂、醉白堂、休逸台等建筑。他还主持疏浚高平渠，自安阳城西引渠水沿城北流，安置水磨，引洹水入城灌注园池，造福桑梓。

河朔重镇相州城，讲述着安阳历史的兴衰变迁。

5. 鲸背观澜安阳桥

洹河是安阳的母亲河，因流经安阳城故又称"安阳河"。安阳桥是洹河城区段现存最为古老的一座石拱桥，是沟通洹河两岸的一座重要桥梁。

安阳桥始建于元顺帝至元二年（1336年），当时的石拱桥为三墩四孔，桥身北高南低，酷似一条头北尾南的巨鲸横卧于洹水之上，远观石桥宛若水中之鲸背，故名"鲸背桥"。鲸背桥成为明代安阳著名的八大景"鲸背观澜"之所在。往昔安阳桥桥面两侧的石栏杆上，雕琢着近百个形态各异、活灵活现的石狮子，这些狮子有的在嬉戏，有的在沉思，造型逼真，气度非凡。清末民初直至新中国成立初期，安阳河航运发达，其下游经楚旺入卫河可直抵天津，当年的郭家湾、安阳桥附近均建有水运码头。新中国成立后，人民政府于1951年修复了安阳桥，桥梁全长109.8米，桥宽10米，高

---

① ［宋］郭茂倩编：《乐府诗集》，卷五十三，《明君篇》。

鲸背桥旧影像

安阳桥古庙会

安阳桥石牌坊

8米。安阳桥还有一个特殊称谓叫作"御路桥"，源于安阳桥自古以来就是沟通洹河南北的官道。

安阳民间有农历正月十六到安阳桥赶庙会"遛百病"的习俗。每年的安阳桥古庙会都会熙熙攘攘、蔚为大观。一座桥梁贯通洹河两岸，连接历史与未来。如今的安阳桥风光秀美，河水潺潺，两岸是大片绿意葱茏的滨河风光带，成为古都安阳的一处胜景。

6. 泽被后世万金渠

山川秀美的安阳境内，古老的万金渠宛若流淌在城市肌体上的血脉，滋润着安阳这方丰腴的沃土。

唐高宗咸亨三年（672年），相州刺史李景发动民力于城西40里洹河上游起石塞堰，引洹水入渠，东流溉田20村，改善了相州邺郡的农业灌溉条件。因渠首位于今曲沟镇的高平村，故名"高平渠"。《安阳县金石录》载元代《商王庙碑》有"六峰秀而明，万金通而利"之句，可见元代高平渠已改称"万金渠"[1]。明代引万金渠东流至安阳老城大西门外注入护城河，南、北分流环绕着安阳城。渠水至城东南越官道入广润陂，又东流汇入卫水。明代对万金渠多次疏浚，增建石闸、石堰，又开挖十条支渠以扩大万金渠的灌溉面积。清代至民国历有整修，城外的南、北二支渠又称"南万金渠""北万金渠"。清代乾隆年间（1736—1795年）新开"中万金渠"，长约25公里，自古城东关经盖津店、瓦亭等村，使彰德府城内外水系环绕。千百年来，万金渠盘桓在历史时空，拱卫安阳古

昔日万金渠

---

① 许作民：《安阳古今地名考》，中州古籍出版社1992年版，第185页。

城，惠泽百姓民生。

中华人民共和国成立后，万金渠经过一系列整修，又从上游水库引水，增加水源和灌溉面积，使下游 200 个乡村受益，灌溉农田达 40 余万亩。此外还担负起安钢、电厂的生产供水。古老的万金渠泽被后世，至今仍然发挥着巨大的供水效能。

7. 栉风沐雨高阁寺

安阳老城的高阁寺位于今文峰南街南侧，是一座雄伟的高台楼阁建筑。高阁寺在宋代为相州州署之中的"飞仙台"，其上并无楼阁。到了元代，始构筑观音阁于其上，又名"大士阁"。明仁宗洪熙元年（1425 年），这里成为明成祖朱棣第三子赵王朱高燧的高台殿宇。

今存高阁寺为明宪宗成化六年（1470 年）重建。清代，高阁寺复改作观音阁，于乾隆（1736—1795 年）、光绪（1875—1908 年）年间两次重修。高阁寺台高 9 米，周回 52 米；其上的楼阁斗拱飞檐，重檐九脊，殿宇进深面阔各三间，琉璃瓦覆顶，白石栏围护，雄伟壮观。高阁寺南面有汉白玉石阶 32 阶，楼阁须弥宝座四周有 25 条首尾相衔的石雕游龙，堪为古代工匠的神来之笔，它们奔腾嬉戏，活灵活现，形神兼备，气势非凡。殿堂内部采用四根原木通柱，直抵阁顶的三层梁架，构成坚实稳固的高台木构建筑，展现了中国古代建筑的高超技艺。古老的高阁寺与文峰塔、鼓楼、钟楼等城内高大建筑形成对景视廊，在蓝天、白云和静谧街巷的映衬下，点缀着安阳古城美轮美奂的天际轮廓。

栉风沐雨高阁寺，屹立千年安阳城。高阁寺于 1986 年公布为河南省文物保护单位，2013 年 5 月公布为全国重点文物保护单位。

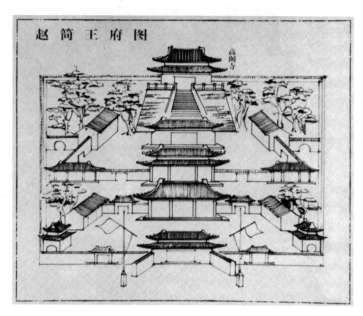

明代赵简王府图

高阁寺旧影像

高阁寺风姿

蟠龙须弥宝座

8. 明清彰德府古城

五代后晋天福三年（938年），在相州城设置"彰德军"，这便是"彰德"一名的起始。明朝开国之初，出现了一个府城营造的高潮时期，各地州、府城池修筑得非常坚固。明太祖洪武八年（1375年），在唐宋相州城基址上改筑的彰德府城筑成，城围九里一百一十三步（约6.6公里），城辟四门，城门之上各建重楼，城墙四角各建角楼。紧临四面城墙的内侧筑有马道，环绕府城四周的护城河引万金渠水灌之。明初的彰德府辖1州6县，属河南承宣布政使司，为豫北冀南地区的中心城市。清代康熙（1662—1722年）、

西南城墙角楼

清末彰德府城街景

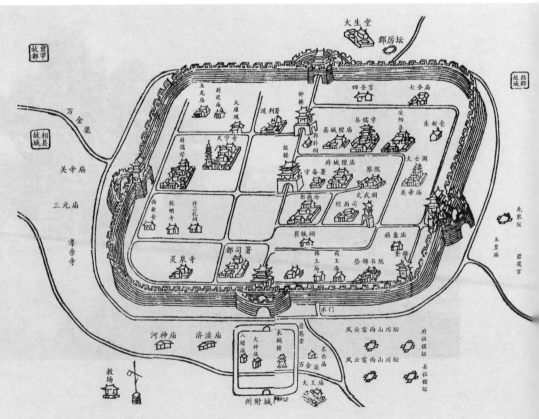

清乾隆五十二年（1787年）彰德府城图

雍正（1723—1735年）年间，曾先后三次重修彰德府城。因城池形制规整，彰显礼制，布局谨严，故曾作为中国古代府城的典型范例载于董鉴泓主编的《中国城市建设史》（高等教育出版社2007年版）中。

城墙城门

明清两代的彰德府是中原河朔地区的一座重要府城。清初顺治年间朝廷上谕，将彰德府列为全国三十处要地之一。清乾隆五十二年（1787年）《彰德府志》"序"云："其地襟带漳洹，阻宅山阜，辙迹所会，此为要冲。"足见彰德府地位之显要。

巍峨的鼓楼位于城内十字大街交会之处，是全城的制高点。钟楼在鼓楼以北的同一中轴线上，为重檐歇山式楼阁，楼内悬挂一口大钟以报时。清代府城里的南北大街名"兴隆街"，旧方志中还有"彩凤街"在县东，"广粮街"在县西的记载。清末光绪年间（1875—1908年），纵贯安阳境内的京汉铁路建成通车，粮食、棉花和煤炭的生产贸易是当时的主要产业。洹河成为重要的水运航道，南至楚旺、道口，北抵天津，有商船往来，当时安阳的水陆交通都很便利。明清两代的彰德府城为豫北门户、河朔重镇，城外沃野平畴，城内街坊纵横交错。

9. 穿越历史护城河

安阳古城自明代改筑时引万金渠水注入护城河，在今大西门以北处南北分流，环绕安阳古城。其下游经北万金渠、东关婴儿沟、南万金渠流向城外，灌溉着数十万亩良田。

昔日的护城河，"濠阔十丈，水深者二丈，浅者八九尺"[①]。可见 600 多年前的护城河，水面宽将近 30 米，水深 5—6 米，沿河两岸的垂柳随风摇曳。当时的城墙、护城河是何等壮观，在发挥防御

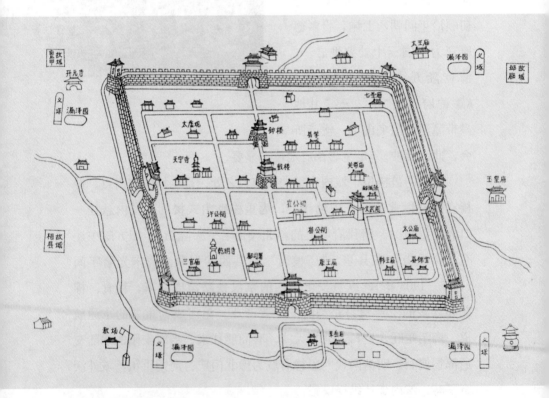

清代彰德府城护城河简图

---

① [清] 贵泰总修：《安阳县志》（嘉庆），卷八，《建置志》。

南护城河今貌

万金渠旧影像

今天的护城河

功能的同时，又是一幅美不胜收的风景。

北宋仁宗至和年间（1054—1056年），三朝贤相韩琦治理相州时曾疏浚城外河渠，引洹水注入城内园池。明太祖洪武初年，大将汤和、邓愈屯田安阳，在宋代相州城的基址上改筑彰德府城。明初所筑的彰德府城就是今天的安阳城，护城河至今为人们诠释着彰德府城的轮廓和范围。环绕古城一周的护城河全长6254米，昔日河水水面比如今宽阔许多。其后几百年间，护城河有淤有浚，流淌至今。清乾隆二年（1737年）再次疏浚，改为面宽五丈，底宽三丈，深五尺；瓮城外河宽三丈，较前规制有所缩小。清代南门"镇远门"东侧城墙下筑有水门，城内积水可沿水门排入护城河，今南门东街的水门坑为其遗存。护城河、城内诸多坑塘与安阳老城的城门、城墙有着同样悠久的历史，它们带来丰沛水源的同时，也为安阳城平添了一道坚固的防护屏障。

10. 城墙城门和马道

彰德府城自古为通都大邑、河朔重镇。

明代改筑的安阳古城呈现了中国北方古城的典型风貌。四面城墙总长度约 6.6 公里，城墙的内部为版筑夯土，表面由里而外为砌筑规整的城墙砖，高约 9.3 米，宽约 6.6 米。城辟四门：东永和门寓意"外安内和"，西大定门取意"安邦定国"，北拱辰门寓意"众星拱北辰"，南镇远门寓意"南北通达、镇守疆土"。四座城门的高台之上均筑有三重檐高大楼阁，巍峨壮观，城门楼之下是拱券形的

彰德府城西南城墙角楼

20世纪 50 年代初的安阳城墙

民国时期新安门内街景

门洞。城池的四座城门之外都筑有半圆形的瓮城，也称月城，这为城池防御增加了一道坚固的防线。四面城墙上筑有规整的雉堞，城墙内侧紧贴城墙处，是用于"通兵马，传号令"的周回马道，宽达四五丈（约12米）。南北大街这条纵贯南北的中轴线，将城内城外的街坊一分为二。南门"镇远门"外为宋代相州城的附郭，俗称"南小城"。

有着600多年历史的明代安阳古城墙，阅历了无数的战火洗礼，见证着沧桑变迁。经过明清两代多次修葺，其形制和功能渐趋完备。直到1949年安阳解放以后，失去了护卫功能的城墙，于1951年1月25日起开始分段拆除，至同年7月底基本被拆完。当时还保留了古城墙的五座城门、四座城墙角和七座炮台，到今天仅有西南、东南两处城墙角遗迹，而这两处遗址也成为古城历史的重要见证。其中西南城墙角于20世纪50年代初辟为环城公园，1984年修葺成为三角湖公园内的胜景。

第二章

暮鼓晨钟　昼锦书灯

安阳老城布局谨严，寺塔玲珑，青槐夹道。城内南北大街的晨钟暮鼓伴和着文峰塔檐下悠远的铃声。历代官署府衙位于古城内偏东的位置，街坊分布左右基本对称。宁静的胡同四合院落，映衬着巍峨的钟鼓楼，城内外遍布市集作坊。方格状街坊围合相连，衙署寺塔、文庙学宫、府县城隍、昼锦书院，构成统一而多样、循礼而不逾矩的城市形态，呈现出壮美雄浑的古代城市景观。

11. 风雨洗礼拱辰门

巍峨耸峙的城墙、城门历来就是古代城池的首要标志性建筑。除了城池防御，它们还具有明确的标识功能，眺望郭门，因识方位。

北门"拱辰门"无疑是彰德府城最为重要的一座城门。传统文化中用"北辰"代指北极星，"拱辰"为"众星拱北辰"之意。这里地处通衢要道，位置显要。安阳城的北关是城市的中心地带，昔日的城北门外有厉坛、大生禅寺、安阳桥，连通着南北官道。拱辰门和安阳古城一同经历了数百年的战火洗礼和风雨沧桑。昔日拱辰门高大的三重檐楼阁，筒瓦覆顶，斗拱飞檐。20 根明柱支撑起挑

拱辰门旧影像

檐，一、二层面阔分别为七间、五间，进深二丈，上下直通，楼阁四周均有围廊。楼阁下面高大的台基东西宽约七丈，高二丈五尺，高台四周建有垛口，宽大的城门洞位居台基的正中。昔日拱辰门外筑有用于防御用的瓮城，在城池的四门瓮城中规模最大。从那幅拍摄于1931年"九一八事变"后的老照片看，赫然高悬于城门楼上的"勿忘国耻"四个大字清晰可辨、苍劲有力，记述着民众经历的苦难和他们的奋起抗争。安阳解放后拆除了城墙和城门的台基，北城门遗迹便荡然无存。

北关，一座城门，历经600多年沧桑巨变，见证着安阳古城的风云际会。

12. 智慧水系城渠依

洹河是安阳的母亲河,为这片土地带来勃勃生机和水的灵性。

昔日的安阳城河湖密布,清波绕城。护城河与城内众多的坑塘水系联系贯通,发挥着城池防御、防洪排涝、灌溉农田的重要功用。

安阳老城里的坑塘,最初为修筑城墙、城门、营房时就地取土的产物。从城西北隅沿着城墙四周,依次分布有纱帽坑、小嘴坑、东西褡裢坑、三角坑、水门坑、六府坑、东南营坑、后卫尖子坑、东西平府坑、马莲坑;在老城的中部,有后仓坑、县胡同坑(二爷坑)、高阁寺坑、狮子坑、五中南坑(老爷坑)、下洼坑、后卫

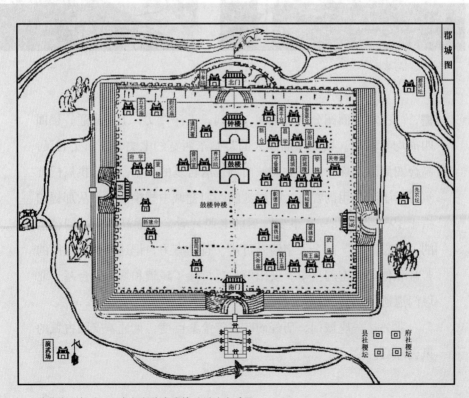

清乾隆五年(1740年)彰德府郡城及周边水系图

清波绕城的水系

褡裢坑石桥旧影像

洹河——安阳的母亲河

城内坑塘、民居

坑等，城内共有 20 多个坑塘，水面面积 200 余亩，容水量达 39 万立方米。随着时间的推移和城市的变迁，许多坑塘从人们的视线中消失了。那些散布于城内的众多坑塘，与万金渠、护城河水系交汇贯通，结合老城"龟背"形的地势和高台民居建筑，发挥着蓄水排涝的重要作用，更凝聚着古代劳动人民的筑城智慧。

城池水系与安阳老城相生相伴，共担风雨。时光荏苒，600 多年沧桑变迁，它们像一把天然保护伞护佑着安阳老城。老城区现存的坑塘水系在调蓄水位、防洪排涝中依然发挥着显著作用，它们美化人居环境，灌溉城外良田，更为人们延续着悠远的城市记忆。

西裳裳坑一隅

13. 沧桑变迁忆鼓楼

雄伟的鼓楼是昔日彰德府城的地标性建筑，它始建于明洪武初年，位于安阳老城龟背形地势的最高处。彰德府署于明代弘治年间又对鼓楼进行了整修，高台之上的楼阁四面明柱林立，回廊环绕，内悬滴漏铜鼓以计时，高台下面的拱券形门洞连通着南北大街。清乾隆四十四年（1779 年），安阳县知县彭元一主持重修鼓楼，使它成为一座三重斗拱飞檐的高大楼宇，更加巍峨壮观。鼓楼上的南

鼓楼旧影像

鼓楼下的南北券洞

新中国成立初的鼓楼券洞

北匾额分别题写"邺镇""洹光";向南长匾为"式是南邦",向北长匾为"邺下壮观"。民国十七年（1928年），鼓楼上建起了中山图书馆，成为安阳城内传播新思想、新文化的读书阅报场所。1931年，在鼓楼台基上的西北隅设置铜钟报时，西南隅竖起一通整理田赋碑。往昔每年农历二月初二"龙抬头"这天，安阳民间素有逛城隍庙、登鼓楼赶庙会的习俗，企盼着风调雨顺的好年景。

1935年初夏，农历五月初五端午节的前夜，鼓楼被一场突如其来的大火吞噬。鼓楼焚毁后，高大的鼓楼台基依然存留，见证了安阳解放的重要历史时刻。登上鼓楼的坡道山门至今犹存，位于鼓楼坡街西侧。鼓楼自建成之日起至失火焚毁，矗立安阳老城560年，见证了古城的兴衰，阅历沧桑变迁。今天人们早已看不到鼓楼那伟岸的身姿，只能通过老照片来领略它的风采。

14. 瞻天尺五闻钟鸣

安阳老城的钟楼，位于北大街、中山街交会处，其东、西两边的街道分别为东钟楼巷、西钟楼巷。明孝宗弘治年间（1488—1505年），彰德府知府刘聪主持建造的钟楼，与鼓楼同处于南北大街中轴线上，形成了"晨钟暮鼓"的城市景观。从此，钟楼也成为古城的标志性建筑之一。这是一座雄伟的高台楼阁建筑，台基高7米以上，上建重檐歇山式楼阁，台下四面均有拱券形门洞连通东西南北，便利人们通行。钟楼在每年夏至日的正午，四面均无阴影。楼阁内置大钟以报时。

清乾隆四十四年（1779年），安阳县知县彭元一主持重修钟楼，时任彰德府知府卢崧为钟楼题写了匾额，南"闻天"，北"瞻极"。他还题写了两个长匾，向南长匾为"声震天中"，向北长匾为

钟楼变迁

"瞻天尺五"。"瞻天尺五"意谓登上钟楼仰望四面凌空欲飞的挑檐,宛如距天只有五尺之遥,这成为古代安阳著名的"十六小景"之一。1928 年,受二次北伐战争时局影响,安阳县署又重新雇人按时辰敲钟报时,并将楼阁上悬的匾额更换为"唤起民众""惊醒睡狮"。1932 年,县署于钟楼之上设立民众教育馆,首开科学普及之先河。

1938 年 9 月,野蛮的侵华日军以妨碍交通为名,将钟楼强行拆除。1988 年春,安阳市人民政府在改造北大街时于原址复建钟楼,新钟楼依据原钟楼照片的样式和规模建造。自此,安阳老城的钟楼获得重生。

15. 护城佑民城隍庙

安阳老城的府城隍庙始建于隋代,有着上千年的历史。明太祖洪武初年改筑彰德府城时重修城隍庙,庙宇规模宏大,占地约 15 亩,建有高大的牌楼、仪门,放生池上有石桥一座,其后有五进大殿及两排东、西庑殿,殿宇巍峨,香火旺盛。彰德府城隍爷为威灵公,护城佑民,惩恶扬善,祛灾除患,自古以来为彰德府及周边诸县的"守护神",是豫北地区城隍文化的代表。

民国十七年(1928 年)冯玉祥主政河南期间,兴办民众教育,发展地方工商业,推行"废庙兴学""废庙兴市"。城内鼓楼城隍庙一带人烟阜盛,商贾云集,府城隍庙改建为"中山市场",对比先前开设的平市商场"转花楼",被称作"新市场"。中山市场与平市商场连为一体,使鼓楼城隍庙一带的商业文化氛围更加浓郁,成为安阳城内文商荟萃、商业繁华之地。府城隍庙于 1982 年修复,现辟为安阳市民间艺术博物馆。2013 年 5 月,彰德府城隍庙被国务

彰德府城隍庙

城隍庙神道两侧的放生池

城隍社戏

府城隍庙门前的神路街

昔日安阳县城隍庙

县城隍庙旧影像

县城隍庙大殿

院公布为全国重点文物保护单位。

　　清末至民国年间，彰德府统辖安阳周边 11 县，彰德府治驻安阳县城。安阳城内有彰德府和安阳县两座城隍庙宇。清乾隆五十年（1785 年），官府移建县城隍庙于城内老县署西侧，即后来的县西街与平安街交会处。县城隍庙为三进院落，卷棚式殿宇，建筑风格独特。

16. 彰德府署与县衙

　　明、清两代的安阳老城为彰德府治所，安阳县为彰德府首县，府县同城，昔日安阳城内既有彰德府署，又有安阳县署。

　　彰德府署原为始建于北宋年间的相州州署，位于城内马号街今高阁寺小学一带，统辖安阳周边诸县，其规制"雄于河北"。金代

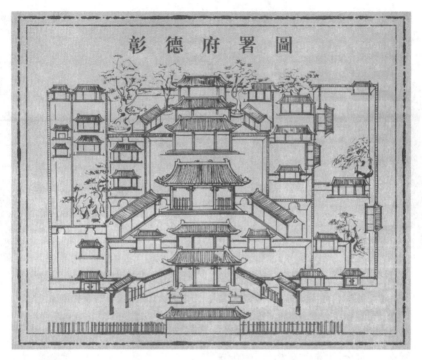

彰德府署图

升相州为彰德府，元代改为彰德路城，设彰德路总管府于此。明仁宗洪熙元年（1425年），明赵简王朱高燧将彰德府署改建成为赵王府，原府署移建于城内东大街西头路北。自赵简王起，赵王府在马号街一带历9王、218年。到了民国二年（1913年），废彰德府设安阳县，东大街府署改设为安阳县署，1932年成为河南省第三行政督察区专员公署兼安阳县政府驻地。1949年5月6日清晨，人民解放军攻占了东大街的安阳县政府，这里见证了古城的新生。20世纪50年代初，这里成为安阳市人民政府驻地，1955年成为安阳市人民委员会驻地。

县署，也叫"县衙"。安阳县署始建于明太祖洪武二年（1369年），由知县蔡诚创建，位于原来城内县东街与县西街接合部位街道

彰德府署大门

"府口儿"今貌

安阳县署旧址

的北侧。安阳县署历明、清两代，民国初年废彰德府恢复安阳县时也迁往东大街，改设为安阳县政府，始与行政督察区专员公署合署。安阳县署迁至东大街后，县前街北端的老县衙便失去了往日的威仪。

17. 文庙学宫传文脉

明清两代，各地普遍设立"文庙、学宫""府学、县学"，它们是州、府、县城中"育人才、正风俗"的文化教习场所。

安阳老城在北宋时期为相州治所，开始兴建儒学文庙，距今已有上千年历史。儒学文庙位于郡城之西北，今西大街小学为其旧址。经宋元明清历代修葺，大成殿、明伦堂、昭文楼、文昌祠、名宦祠、乡贤祠颇具规模，庙内大殿供奉大成至圣先师孔子像，以敬孔尊贤、明伦育才为要旨。每年春秋祀日，依照严格的典章礼乐在

儒学文庙旧址

文庙举行隆重的祭孔盛典。民国后废除旧制，1918年文庙改设为祭祀关公、岳飞的武庙，倡导尚武精神，后改设为师范学校。至20世纪60年代，文庙毁废。因临近儒学文庙，还衍生了学儒府、学巷街、学后街等几条老城街巷名。

"学宫"又称县学、县儒学，始建于明太祖洪武初年彰德府城改筑之后，县学位于城内县西街西段路北一带，临近县城隍庙。在这里选拔品学兼优的童生，修业于学宫，免其丁粮，厚以廪膳。童子试三年两考，培养贤才供科举选拔。县学宫坐北向南，建筑群落宏大，共有四进院落。中轴线上依次为泮池、大门、棂星门、戟门、先师庙、明伦堂、尊经阁和敬一堂；院落轴线的东侧有文昌祠、名宦祠，西侧有教谕厅、崇圣祠。清末，朝廷下谕废除沿袭1000多年的科举制度，安阳县学亦改为祭祀关羽、岳飞的庙宇。

18. 书声琅琅昼锦堂

说起昼锦堂的历史，要追溯到北宋三朝贤相韩琦。韩琦（1008—1075年），字稚圭，北宋相州安阳人。他的一生宦海沉浮，历北宋仁宗、英宗、神宗三朝为相，他曾与范仲淹共同率军抵御西夏，推行"庆历新政"，其诗文收入《安阳集》。

北宋至和（1054—1056年）、熙宁（1068—1077年）年间，韩琦三度治理相州，可谓"仕宦而至将相，富贵而归故乡"[1]。任相州知州期间，韩琦主持疏浚了高平渠，兴修水利，在城西北隅建造了两座水碾，奏停了相州冶铁课税，以安民心。他还在今高阁寺

---

① ［宋］欧阳修：《相州昼锦堂记》。

北宋三朝贤相韩琦像

以北的州署后园修建了康乐园和昼锦堂、醉白堂。"昼锦"是据《汉书·项籍传》"富贵不归故乡，如衣锦夜行"之句，反其意而用之。昼锦堂堂舍逶迤，花园锦绣，古朴优雅，是韩琦读书和会见文人墨客的地方。北宋大文学家欧阳修的名篇《相州昼锦堂记》因载入《古文观止》而千载传诵。

今天老城东南营街的昼锦

韩魏公祠正殿

昼锦书院山门

《昼锦堂记》碑

昼锦书院碑亭

昼锦书院奎楼、古槐

堂，为明孝宗弘治年间（1488—1505 年）彰德府知府冯忠从州署后园移建于此，这里在明清两代为府城内的昼锦坊，是韩氏故第。昼锦堂旁那两株千年古槐相传为韩琦手植，至今依然枝繁叶茂，亭亭如盖。清乾隆五年（1740 年），彰德府知府李渭将昼锦堂改设为府立"昼锦书院"，诸县学子求学其中。清光绪三十年（1904 年），昼锦书院改为彰德府中学堂。1921 年命名为河南省立第十一中学。安阳解放后，学校于 1958 年 9 月更名为"安阳市第五中学"。"文革"期间，昼锦堂遭焚毁，现已部分修复，重建了碑廊。千百年来这里书声琅琅，学风鼎盛。"昼锦书灯"点亮了莘莘学子的济世情怀，也成为古代安阳"十六小景"之一。

2013 年 5 月，韩王庙、昼锦堂被国务院公布为全国重点文物保护单位。

19. 东府西巷的格局

安阳老城有着"九府十八巷"的街道格局，"井、片、丁"字街错落有致。以南北大街为界，东有 7 府 7 巷，西有 2 府 11 巷，东半城府多，西半城巷多，因而民间有着"东府西巷"的说法。清康熙《安阳县志》载有十八巷名称，与后世略有不同。这些古老的街衢巷陌蕴含着厚重的城市历史文化记忆。

城西 11 巷为：

唐子巷，位于北大街、中山街西侧，南起西大街，北至北门西街。

裴家巷，位于北大街西侧，东起北大街，西至唐子巷。

仁义巷，位于北大街西侧，东起北大街，西至唐子巷。

西钟楼巷，位于钟楼西侧，西至唐子巷。

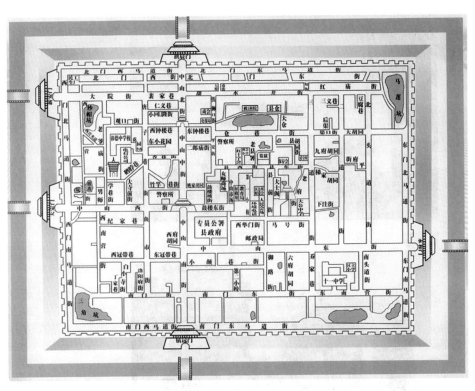

民国安阳县城图

鹅脖巷，位于大寺前街与唐子巷之间，因街巷形状弯曲而得名。

香巷，位于中山街西侧，东起中山街，西至唐子巷。

竹竿巷，东起中山街，西至唐子巷。

丁家巷，西起西南营街，向东、南折向南门西街。

纪家巷，西起西南营街，东至鱼市街。

东冠带巷，西起鱼市街，东至南大街。

西冠带巷，西起西南营街，东至鱼市街。

城东 7 巷为：

东钟楼巷，位于钟楼东侧，东至铁狮口街。

小颜巷，西起南大街，东至御路街。

鹅脖巷

西钟楼巷

仓巷街

乔家巷，南起东南营街，北至东大街。

卜府巷，又名"北府巷、八府巷"，南起甜水井街，北至北门东街。

三义巷，位于二道街北段西侧，东西走向。

豆腐巷，南北走向，是红庙街东段南侧的巷道。

夹巷，为北门东街西段向北的巷道，与东西方向的北门东马道连通。

20. 九府巷陌说老城

安阳老城的街道巷陌，素有"九府十八巷七十二胡同十八罗汉街"的传统称谓。"府"是独特的街巷地名，它的建筑规制和胡同差不多。"九府"为平府、六府、铁拐府、林府、老府、洛阳府、娘娘府、西府、学儒府，古老的九府巷陌散布于安阳老城内。

平府，又叫"平府胡同"，是位于老城内二道街路东的一条巷道，与梯家胡同斜对面，寓意平安吉祥。六府、铁拐府，位于东大街中段路南，二府平行，南端会合通向东南营街。林府，位于东南营街北侧，是以姓氏命名的府。老府，又称"老府口儿"，位于西华门街以东县前街、马号街十字街口地段，因临近旧彰德府署而得名。洛阳府在南门西街中段路北，是一条寻常的小巷，彰显了安阳人知侠仗义、扶危济困的美德。

平府

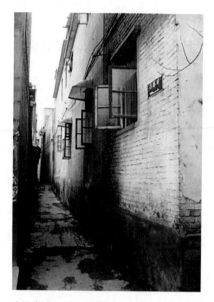

洛阳府

娘娘府，位于甜水井街东段路北，小巷里昔日有一座娘娘庙，香火绵延，因名"娘娘府"。西府，因位于南大街北段西侧而得名，巷口狭窄，里面稍为开阔。学儒府，也称"儒学府"，原位于天宁寺西南学巷街中段，因临近西大街儒学文庙而得名。老城的九府经历数百年风霜雨雪，一条条寻常巷陌，凝聚着久远的城市的记忆和传说。九府中有七府现存，它们是古都安阳独具特色的文化资源。

第三章

活色生香　文商兴旺

殷邺古都，商业肇始，彰德古相，文商兴旺。千载传续的文脉源流，浸润塑造了这座城市的品格。"安阳老城之美，美就美在那些胡同巷陌上，走进那些狭窄、短小、弯曲、精巧、古朴的胡同里，真不知走进安阳历史的哪一页。你听一听那些胡同的名称，小回隆街、鹅脖巷、梯家胡同、磨盘街……就够让人神往了，胡同的独特文化和风情，使她们成了安阳老城的标签和象征。"

——王兴舟：《我的胡同记忆》（《安阳日报》2011 年 11 月 1 日）

21. 话说十八罗汉街

安阳老城的街巷，除了著名的"九府十八巷七十二胡同"以外，民间还流传着"十八罗汉街"的说法。所谓十八罗汉街，是指南、北大街这条古老的中轴线两侧，各有九个街口，其中大部分街巷东西对应，也有的街口稍微错开一些。民间相传，昔日为防止匪盗出没，安阳县署还在大街两旁的主要街口设置木栅栏用于宵禁。清末至民国时期，十八条街的街口墙壁上各镶嵌着一个神龛，里面供奉着一尊二尺多高的汉白玉罗汉，老城里的这十八条街巷便被称

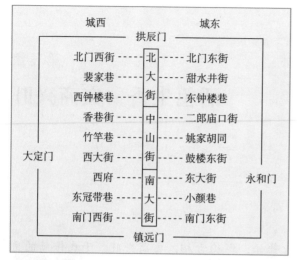

城西		城东
	拱辰门	
北门西街	北	北门东街
裴家巷	大	甜水井街
西钟楼巷	街	东钟楼巷
香巷街	中	二郎庙口街
竹竿巷	山	姚家胡同
西大街	街	鼓楼东街
西府	南	东大街
东冠带巷	大	小颜巷
南门西街	街	南门东街
	镇远门	

大定门（左侧） 永和门（右侧）

十八罗汉街简图

西大街街景

西大街对应的鼓楼东街

作"十八罗汉街"。据说那十八尊汉白玉罗汉或蹲或立，手握法器，姿态各异，能够镇恶驱邪，拱卫着南北大街两旁的十八条街巷，护佑一方百姓平安。

"十八罗汉街"的说法，在往昔安阳老城的坊间闾里广为流传，它们呈现了中国传统古城中轴对称的"鱼骨"状街道格局风貌。可那些汉白玉罗汉究竟长什么样儿，因为年代太过久远，没有留下任何影像资料。但它们却为昔日安阳老城纵横交错的街道巷陌增添了些许神秘与美丽。

22. 老城街巷与地名

安阳老城内的街巷素有"九府十八巷七十二胡同十八罗汉街"之称，街巷地名包罗万象，蔚为大观。

第一类是依方位命名街道，如直通城门的四条大街为东大街、西大街、南大街、北大街。第二类是依街道形状、长短、所处地势命名街巷，如短街、梯家胡同、鹅脖巷、下洼街。第三类是依序数命名街道，如老城东门永和门内依次分布着头道街、二道街、三道街。第四类是依府署、县署、钟鼓楼、文峰塔等重要地标性建筑结合方位来命名街道，如老府口儿、县东街、东钟楼巷、鼓楼坡街、大寺前街。第五类

北门西街活佛宝塔

西大街

马号街

西华门街

神路街

南头道街

南门西街

是依著名建筑、设施、器物命名街道，如大井街、甜水井街、井夹道、大夫铃街。第六类是依市井作坊命名街道，如鱼市街、豆腐巷、菜市街、新华市场街。第七类是以姓氏命名街道，如林府街、裴家巷、丁家巷、纪家巷。还有的街巷以古代贤良官吏命名，如冠带巷、仁义巷、小颜回巷。再有一类街巷名称源于历史传说，如三义巷、唐子巷、洛阳府。最后是以名人掌故或帝王、领袖的名字命名街道，如御路街、中山街等。

纵观安阳老城的街巷地名，既有明确的指向、标识功能，又极富人文蕴意。它们记述了城市的变迁，承载着千年安阳古城厚重的历史文化底蕴。

23. 南北大街商业兴

明清彰德府古城就是今天的安阳老城，它具有古代城池的典型格局风貌，十字大街贯通老城中心，城内大小街巷纵横交错。古城中轴线上的南北大街是一条繁华的商业街道，南北两座城门"镇远门""拱辰门"与鼓楼、钟楼依次分布，街道两旁的商铺鳞次栉比，建筑古朴典雅，商业氛围浓郁。清代，南北大街叫作"兴隆街"，寓意繁荣兴隆。清末至民国初期，西大街口至南门叫鼓楼前街、南大街，鼓楼至二郎庙口街叫鼓楼后街，二郎庙口街至钟楼叫钟楼前街，钟楼至北门叫作北大街。1925年，为纪念革命先行者孙中山先生，安阳老城的南北大街更名为中山北街（北门至钟楼）、中山中街（钟楼至鼓楼）、中山南街（鼓楼至南门）；东西大街也改名为中山东街、中山西街。直到今天，钟楼至鼓楼广场的一段街道仍名"中山街"。

南北大街记述着城市的历史与荣光。1949年5月，庆祝安阳

文商兴旺南北大街

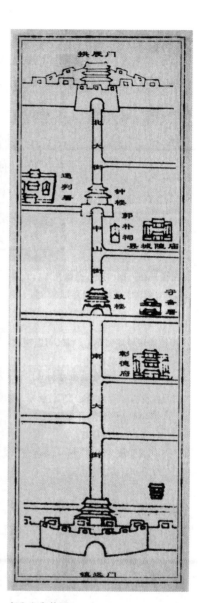

南北大街简图

昔日北大街

中山街妙真饭庄

中山街民国商业建筑

解放的部队入城式经过了南北大街。历史上的安阳城为豫北冀南重要的商品集散贸易中心，人文荟萃、商业兴旺。南北大街两旁的南北锦泰、瑞蚨绸缎、日升酱园、荣庆银楼、德聚诚药店、德华浴池、江南包子馆、聚宾楼、妙真饭庄、美华鑫百货、晋丰茶庄、潞安府花行等商号，都是有着浓郁的商业文化传统的老字号，早已融入了安阳老城的集体记忆。

24. 崔铣与小颜回巷

安阳老城人文荟萃，名人辈出。南大街与御路街之间有一条古老的小颜回巷，街巷的名称缘于明代大儒安阳人崔铣。崔铣（1478—1541年），字子钟，号洹野，世称"后渠先生"。他年幼时聪敏好学，28岁考中进士，入翰林院任编修，后任南京国子监祭酒，官至礼部右侍郎。崔铣守节笃行，学识渊博，著述甚多。由他主持编纂的明代《彰德府志》，于嘉靖元年（1522年）编修成书，共分为

小颜回巷崔铣祠堂

八卷九志。由于宋元时代的《相台志》《续相台志》早已散佚，嘉靖《彰德府志》是目前最早的一部安阳地方志，书中记载了许多北宋时期的古老地名，成为研究安阳历史的重要文献。彰德府自古有邺、

《嘉靖彰德府志》书影

邺郡之称谓，所以这部《彰德府志》又称为《邺乘》。崔铣卒谥文敏，入祀乡贤祠，后世称崔文敏公。今小颜回巷内的崔铣祖居建有崔文敏公祠堂，1985 年公布为市级文物保护单位。

由于崔铣品行高尚，学识广博，家乡人常将他与孔子的得意门生颜回相提并论，誉之为"小颜回"。后来人们便将他居住过的街巷称为"小颜回巷"，简称"小颜巷"，成为安阳古城的十八巷之一。小颜回巷这一街道地名历经 500 年风雨，一直沿用到今天。

25. 姚家胡同的由来

安阳老城中山街至新华市场门前的姚家胡同，街道两侧均为二层楼房的老店铺，历史悠久，建筑古朴，商业氛围浓郁。这条胡同得名于清代远近闻名的彰德府姚家膏药，街巷名称已经沿用了 360 多年。

姚家膏药的创始人为清代名医姚本仁，原籍江西省建昌府南城县。明末崇祯年间（1628—1644 年），姚本仁来到河南彰德府行医，授赵王府良医所医正。清初顺治三年（1646 年），奉诏入京，成为

宗黄堂姚家膏药老铺

制作姚家狗皮膏药

姚家胡同街景

姚家胡同一角

清宫御医。姚本仁归老彰德后，在府城内鼓楼后街（今中山街）东首大槐树院开设了"宗黄堂姚家膏药铺"，门楣上悬御赐"太医正传"匾额。人们都以大槐树院的"老槐树为记"姚家膏药为正宗。姚家膏药世代传承，用药考究，疗效显著，声名远播。新中国成立后，姚家膏药铺实行公私合营，由数家店铺组建国营安阳膏药厂，在后仓街和中山街生产经营，后来更名为"安阳商都制药厂"。

姚家胡同临近文商兴旺的鼓楼、城隍庙商圈。昔日胡同的两旁，还分布着杨大庆刀剪店铺、海镜照相馆、苏记镜子铺等著名的老商铺。姚家胡同的老街、老树、老建筑、老字号，演绎着安阳这座城市的商业文化传统，散发出浓浓的古风遗韵。

26. 大仓口与小仓口

安阳老城的仓巷街与甜水井街并称为"龙凤街"，街道两旁规整的民居四合院集中连片分布，高门大院，龙凤呈祥，建筑风格古朴典雅，代表了安阳古城的民居建筑风貌。仓巷街现已辟为安阳古城的三个历史文化街区之一，得到保护修缮。

仓巷街临近彰德府署和安阳县衙，这条古老的街道被老安阳人称为"仓门口"，这一名称源于这一带设有"常平仓""东新仓""崇宁仓"等重要粮仓。粮食仓储历来是维系一个政权的命脉，"常平"意谓官府储粮以平抑丰歉。自北宋至清代，位于后仓街的府库县仓一到收粮或放赈的时节，便车水马龙，熙熙攘攘。仓巷街东、西两端的两条街巷均通向后仓坑东北隅的粮仓府库，称为"大仓口""小仓口"。运粮的马车从大仓口进，小仓口出，形成环道，便于车马通行。后仓坑北岸的吕祖庙，曾经是县署和商会设立的施粥放赈场所。

后仓街北宋常平仓旧址

吕祖祠堂

仓巷街民国居住建筑

吕祖庙大殿建筑局部

后仓街吕祖庙
门前抱鼓石

仓巷街民居

仓巷街 7 号院民居

后仓街大仓口今貌

仓巷街附近以"仓"字命名的几条街道，都与过去的粮食仓储有关，这里经营粮食的商户较多。小仓口已经消失，大仓口今天尚存，这一街巷地名也并入了后仓街。在老城保护复兴中，仓巷街北侧的部分民居院落得到保护修缮，其中3号院、6号院、10号院开设为安阳古城民俗文化展览馆。

27. 捐出磨盘铺街道

"磨盘街"位于老城区仓巷街与县东街之间的县胡同。胡同北段一路上坡通向仓巷街，这段坡道用约一米直径的石磨盘铺地，因而得名"磨盘街"。

磨盘街的由来，与清代彰德府署和安阳县衙的粮仓府库有着不解之缘。有了粮仓，自然少不了磨坊，大大小小的磨坊云集在周围街道。县胡同北段那一截儿上坡的土路遇上雨天便泥泞路滑，不便人们行走。民国年间，粮仓渐次衰落，当时由民族资本兴办的新式面粉厂，采用锅炉蒸汽作为动力的"火磨"加工面粉，工效自然非传统石磨所能企及。安阳河畔的郭家湾还开办了利用水力带动磨盘转动的"水磨"。仓巷街、后仓街、县胡同一带百年老磨坊中的许多磨盘便闲置了起来。于是，磨坊的主人们纷纷将家中的磨盘捐献出来，请来工匠将它们铺设在县胡同北段的上坡处，于

磨盘山

磨盘街向北直对仓巷街关帝庙

是安阳老城便有了一条家喻户晓的磨盘街。

历经近百年风雨，那些铺在街面上的石磨盘不仅便利了人们行走，也默默述说着早年商家崇尚公益的善举。1999年深秋的老城改造中，磨盘街成为新的繁华街市的坚实根基被掩埋于地下，它背负着厚重的历史，托起安阳的明天。

28. 老城那条竹竿巷

竹竿巷是安阳城里有名的"九府十八巷"之一，这条小巷位于鼓楼广场北侧中山街与唐子巷之间。巷内朝北有两个街口儿，一大一小，大口儿叫大井街，小口儿则是大夫铃街。

20世纪30年代初，位于竹竿巷东口街北的江南饭庄开业了，掌柜的是浙江人吴永富。这家饭庄售卖的小笼发面包子闻名遐迩，香飘安阳古城，为人们平添了一份口福，后来被人称作"江南包子"，江南饭庄成为江南包子馆的前身。巷子里开业于1932年的颐园池澡堂，位于今鼓楼电影院西侧，创办人为安阳人王珮，颐园池

竹竿巷颐园池澡堂 竹竿巷清代商业建筑

的建筑风格为中西合璧，当时规模和设施均是城里独一无二的。始建于1951年的人民电影院，也叫"鼓楼影剧院"，是新中国成立后安阳城里最早开业的一家电影院。影院的大门坐南朝北开在竹竿巷中，1956年拆除了鼓楼台基，形成鼓楼广场之后，始开设了影院南门，看电影的人流从鼓楼广场进入影院，电影散场后由竹竿巷涌出影院。鼓楼电影院南门建成之初，门口霓虹闪烁，照亮了夜幕中的鼓楼广场。半个多世纪的光影盛宴，凝聚了几代安阳人的集体记忆。竹竿巷临近中山街口有20世纪60年代建成的鼓楼后百货商店。

老建筑是凝固的音乐，古老的竹竿巷穿越历史时空，见证了安阳老城的商业繁华，积淀着时间的味道。

29. 南关胜景来鹤楼

安阳老城南的区域俗称南关，历史上属唐宋相州城的附郭，也叫"南小城"。古代城市的南城多为市坊集市，南关历来就是传统的粮食、棉花和生产资料的市场。"南上关，南下关"是南关的主要街道，今名相州路。

安阳老城的南关，蕴含了许多民间传说和人文记忆，"三桥、九庙、八角古井"为人们演绎着安阳的城南旧事。昔日南万金渠自西向东流经南关，来鹤楼位于南关万金渠桥东侧，由明代知府陈九仞主持修建，20世纪60年代初拆除。来鹤楼建在一口小井之上，

来鹤楼

南关火神庙　　　　清代戏楼

旁边河渠流水环绕。相传楼阁建成之日，尝有仙鹤来仪，落于楼顶，此楼因名"来鹤楼"。关于来鹤楼还有另外一个民间传说，此地原有一座明代大儒崔铣少年时习文读书的来鹤亭，旁有参天古柏，后来拆亭所建的来鹤楼便远近闻名。昔日南上关分布着禾稍庄、曹家庄、顾家庄、沿头村等村落，还有北塞外街、花市街、乔家夹道、东拐街等古老的街巷。花市街是传统的棉花贸易市集。东拐街位于井楼东侧，来鹤楼门前原来有一座背驮石碑的高大赑屃，赑屃的头伸向路中，挡住了南北的街道，行人须向东拐然后再南行，于是便有了东拐街的地名。

来鹤楼畔的古戏楼为清代建筑，宽度和进深均为 9 米，为"方三丈"的建筑形制，戏楼前檐彩绘飞龙、云纹，硬山灰筒瓦覆顶，造型端庄独特，是安阳城区目前仅存的古代戏楼。现今古井、戏楼、火神庙等历史遗迹尚存，岁月的铅华湮没了往日的锣鼓喧嚣，斑驳陆离的古戏楼静静守望着南关的变迁。

30. 民国安阳的区划

1912 年中华民国成立，1913 年废彰德府建制恢复安阳县，彰德府署改设为安阳县署。民国二十二年（1933 年）1 月，在安阳城内设河南省第三行政督察区专员公署。据民国《续安阳县志》卷四《民政志》记载：当时的安阳划分为十区，第一区管辖城内 50 多条街道及城外附郭村庄 42 乡，其中包含车站特别镇。

城内 50 多条街道包括了当时的主要街巷，九府十八巷与十八罗汉街的街道格局基本形成，街巷名称多数得以沿袭。府照壁街、北府巷、观口街、府口街、大同街、灰府、大寺后街等老地名后来变易更迭。城郊的 42 乡中，北关有文化乡，城南有大公乡、和平

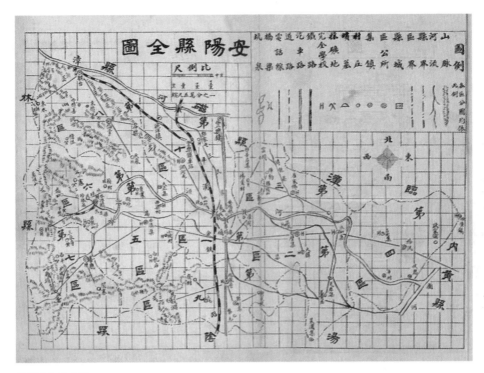

民国安阳县全图

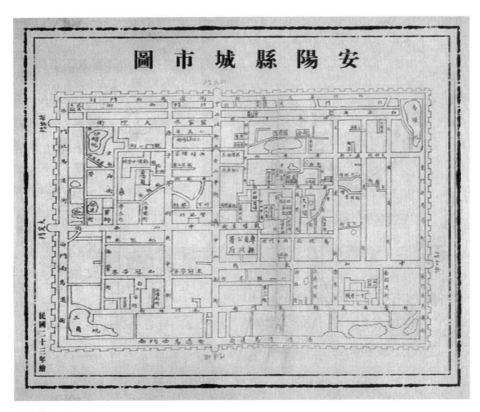

民国安阳县城市图

民国安阳城内街景

乡、新民乡，东关有四权乡、五权乡，城西有文明乡、四美乡；城北郊的第三区设博爱乡、博爱村，路家庄改称"新民村"，东苏度村改名"猛醒村"，这些地名已经具有新思潮、新风尚的鲜明时代印记。1937年11月日寇侵占安阳，改安阳县为彰德县。1945年抗战胜利后，民国政府恢复安阳县，彰德城复称安阳城。彰德府，这个肇始于金代，有着750多年历史的地名退出历史舞台。直到安阳解放前夕，老城内以南北大街为界，还沿用着"古相镇""新邺镇"的区划和地名。

1949年5月6日安阳解放，以老城区及城外四关设置安阳市，原太行第五专区改称"安阳专区"。安阳市和安阳专区同属平原省。1952年11月，平原省撤销，安阳市改属河南省。

31. 县东县西县前街

安阳老城里的县东街、县西街、县前街，还有县胡同、县夹道等街巷，皆因毗邻安阳县署（俗称"县衙"）而得名。彰德府与安阳县府县同城，县署位于县东街、县西街接合部位街道的北侧，为明初安阳县首任知县蔡诚创建。

清代康乾时期（1662—1795年），以安阳县署为中心的周边街道格局已经粗具规模。民国《续安阳县志》载有一幅《安阳县城市图》，明确标注了这三条"县"字开头街道的位置。县署正南的街道

县东街街景

高阁寺背面

县西街运动场旧貌

为县前街，呈现古代官署礼制建筑前面的丁字形街道布局。当时的县西街曾名"中正街"，而且包括平安街。县东街一带原为北宋相州州署和郡园，现存高阁寺位于原县东街南侧。县西街历史悠久，清代街道的东头路北是威严的安阳县署，再向西为县儒学、县文庙、县城隍庙。20世纪50年代，人民政府在县西街修建了运动场，西侧建起一座灯光球场，当年这里经常举办体育赛事、放映露天电影。县西街、县前街、西华门一带成为县城内的文化娱乐中心。

原来的县东街4号院为明代所建的萧曹庙，供奉着西汉开国功臣萧何、曹参的塑像。民国安阳县政府将其改设为古物保存委员会，国宝重器后母戊鼎在运往南京之前，曾经在这里向公众展览，当时观者如潮。1999年建设文峰中路，县西街、县东街已变身为今天的文峰南街。2020年县前街得到保护修缮，重新展露出古韵生香的老街风采。

32. 远去的洹河帆桅

洹河是安阳的母亲河，发源于林州市林虑山东麓，全长164公里，流域面积1953平方公里。自安阳城郊郭家湾以东为洹河下游，河槽较深，冬季不封冻，适宜航运。

洹河航运历史悠久。清代康熙年间（1662—1722年）曾在万金渠首高平村以下兴办漕运，清末民国时期洹河航运进入繁盛时期。洹河下游由安阳桥东流70余公里，至内黄县汇入卫河，南至楚旺、道口，北抵天津，有商船往来，运输便利。当时外运的货物以煤、铁为大宗，入口货物以天津长芦食盐、煤油为大宗。

洹河蜿蜒东流

　　民国二十一年（1932 年），曾经恢复郭家湾至高平村约 35 公里的洹西航路。洹河航运最大的货物装卸集散地为郭家湾码头，旧称"老盐场"，这里因卸船转运天津长芦盐场出产的优质海盐而闻名遐迩。自民国初年起，伴随着洹河航运的兴盛，又增设了安阳桥码头，安阳桥码头与郭家湾码头东西毗邻，一年四季百舸争流。两座码头都是利用自然河岸装卸货物，当年有同昌号、同兴号、同顺和等八大商号在码头上经营南北货物航运，有大小木船 470 余只，船户上千家，年均货运量百万余吨，其中食盐占 4000 吨。昔日的安阳桥、郭家湾码头帆樯林立，货栈栉比，商旅往来，贸易兴盛。蜿蜒百里的洹河航道舟楫首尾相衔，蔚为壮观。当年建造袁林所使用的建筑材料半数以上是通过水路运输的。今天洹园内珪塘桥以北的西岸条石遗迹虽已岁久斑驳，却依然为人们讲述着当年洹河航运码头的繁华旧事。

33. 点亮古城电灯房

"电灯房"是一个独具特色的安阳地名，用来指早期的发电所。

安阳使用电力电器，肇始于清光绪末年创办的广益纱厂。广益纱厂于光绪二十九年（1903 年）建成投产，安装发电设备提供生产动力和照明，豫北安阳首现电力事业。清宣统末年，本地商绅刘冠瀛等人在城内文峰塔旁的天宁寺院内集资创办发电所，名为"中兴电灯公司"，于民国元年（1912 年）建成发电，点亮了安阳古城的第一盏电灯。

1930 年，由本地工商界人士李拂尘发起，安阳"同裕和"银号总经理王静澜等人集资，筹建"安阳电气股份有限公司"。当年在安阳铁路以西今平原制药厂一带购地 6 亩，盖房 47 间兴建发电

铁西发电所旧址

厂，俗称"电灯房"。高压输电线路从发电厂出线，经由高楼庄南地至火车站老票房，再向东由西环城路进入新安门，经大院街、裴家巷至中山中街，与原中兴电灯公司的供电线路并网连接。夜晚，城内繁华的中山北街、中山中街开始被新奇的路灯照亮。当时的电力稀缺，主要供应官府、工厂和较大的商铺使用，普通百姓人家是用不起电灯的。1937 年 11 月，侵华日军为垄断安阳电力工业，对发电厂实行军管，安阳电气股份有限公司更名为"华北电业石门支店彰德营业所"，1941年又更名为"彰德电灯厂"。1945

1949 年 9 月安阳电灯厂恢复生产

年抗战胜利后，彰德电灯厂由民国安阳县政府接收，恢复原名重新发电，到安阳解放前夕电灯厂濒临停产。

"电灯房"这一地名，印证着古城安阳进入电力时代的发端历程。

34. 融汇中西铸钟街

安阳城北今红星路、新市民街一带，昔日有一条古老的铸钟街。

安阳周边优质煤、铁、有色金属矿产资源丰富，冶炼铸造历史悠久。早在明代赵简王来到彰德府的洪熙（1425 年）、宣德年间

铸钟街旧影像

钟楼内悬大钟

铸钟街所在红星路街景

（1426—1435年），城北就是古老的冶炼铸造之地，经常铸造兵器、农具、香炉、灶具、大钟等器物，因名"铸钟街"。这里尤以大钟铸造工艺精湛，名冠南北，1934年为黄河南岸邙山头铸造的一口八角大钟重达千斤。殷商时代的先民创造了灿烂的青铜文化，而后沿袭至东魏时期鼓风冶铁的"水冶"，还有这兴盛数百年的铸钟老街，文明的光焰一脉承继，薪火相传。

古老的铸钟街，还是西方宗教与安阳新式教育、医疗的发轫之地。19 世纪末，加拿大长老会派遣牧师、医生远涉重洋，来到安阳城外铸钟街一带购地建造教堂，开办教会医院。1915 年，教会在铸钟街开办斌英学校，由明义士牧师担任校长。明义士，加拿大人，1914 年来到豫北安阳传教，他为博大精深的殷商文化所吸引，致力于殷墟甲骨文的收集与研究，后来成为著名的汉学家和甲骨文研究学者。今天的铸钟街明义士故居已辟为"明义士甲骨学研究纪念馆"，2004 年 11 月公布为市级文物保护单位。

铸钟街，一条街道的变迁穿越古今，融汇中西，成为城市经济文化发展演进的缩影。

35. 西华门街文昌宫

始建于清代道光年间（1821—1850 年）的文昌宫，又名"文昌庙""文昌阁"，位于安阳老城西华门街同乐大戏院的西邻。文昌宫建筑群规模宏大，五间正殿为单檐悬山式建筑，黄色琉璃瓦覆顶，供奉着道教"文昌帝君"，庇佑一城文运，文昌阁的后院为清代贡院。

清光绪二十六年（1900 年）庚子国变，八国联军攻陷北京，慈禧太后携光绪皇帝仓皇出逃。历经漫长的议和，清政府与列强签订了丧权辱国的《辛丑条约》，这时的慈禧、光绪终于结束了他们的流亡生涯。清光绪二十七年（1901 年），两宫回銮北京的圣驾途经安阳，由彰德府城南门镇远门浩浩荡荡入城，途经南大街、南门东街，向北拐入御路街来到西华门街。彰德府安阳县将文昌宫大殿作为帝后的临时行宫，慈禧太后和光绪皇帝在这里住了两个晚上。当年亲随两宫的河北怀来知县吴永记述："辛丑（1901 年）十一月

文昌宫过厅

昔日文昌宫

文昌宫大殿（慈禧行宫）

初十日，由宜沟驿启銮，申正抵彰德
府驻跸。傍晚传旨：十一日驻一日，
定于十二日并站前进，至丰乐镇午
尖，磁州驻跸。"[1]

"安阳地方法庭"碑额

遥想当年，两宫圣驾经过的御
路街和沿途街道也曾黄土垫道，净水
泼街，百姓夹道恭迎。自此，西华门
街的文昌阁便有了"慈禧行宫"的称
谓。"御路街"也缘此而得名。1933
年，在文昌宫设立"河南高等法院第二分院暨安阳地方庭"，西华
门街是昔日安阳老城的市井繁华之地，古往今来这里商业阜盛，人
文荟萃，凝聚了悠远的城市记忆。

36. 话说彰德火车站

清光绪三十二年（1906 年）春，清政府向比利时国借款修建的
京汉铁路全线建成通车。京汉铁路全长 1214.5 公里，共设 133 个车
站，在彰德府安阳县境内 37.5 公里，设丰乐镇、彰德、宝莲寺 3 站。
始建于清光绪二十九年（1903 年）的彰德车站沿用了当时府治的名
称。清宣统元年初（1909 年 1 月 1 日），清政府花重金赎回了京汉
铁路的经营管理权。因彰德车站在安阳县治西，改称"安阳车站"。

安阳车站为一等区间站的宿站，即夜间停靠机车的大站，同时
也是从安阳经丰乐镇到观台镇、六河沟煤矿支线铁路的枢纽站。最
初的车站只有三股道一站台，票房面积 25 平方米，每日开行票车

---

① ［清］吴永口述，刘治襄记：《庚子西狩丛谈》，中华书局 2009 年版，第 145 页。

京汉铁路通车

车站站台

彰德车站

四列，日间行驶，晚间驻停，年旅客发送量 9.14 万人。随着安阳本地的粮食、棉花、煤炭、烟叶、药材的大量外运，以及京沪百货、生活用品、工业品的大量输入，货车开行的列数逐渐增多，车站增设了南、北货场装卸货物，规模也随之扩大。1937 年 7 月日军发动侵华战争以前，安阳车站年货运量达 83 万吨，位居京汉线一等车站前列。

京汉铁路促进了南北货物的交流，催生了安阳近代民族工业，推动了城市工商业的发展。货物集散和南来北往的商旅使车站周边商铺货栈云集，商品贸易兴盛，形成了安阳西关、车站商圈，继而又开辟了新安门（小西门），车站周围的商业氛围渐趋浓郁。可见，铁路对安阳这座古城产生了深远的影响。

37. 广益纱厂历百年

安阳是豫北优质棉花的主产地，清光绪二十七年（1901 年），清廷吏部尚书孙家鼐委派地方商绅筹资 150 万银元，在洹河郭家湾以北选址建纱厂，这里临近正在兴建的京汉铁路，水陆交通便利，生产原材料充足。官督商办的广益纱厂于 1903 年建成投产，厂区占地面积 350 亩，自备发电设备，安装纱锭 2 万余枚，建造厂房 2724 间，当时拥有细纱纺机 73 台，工人 2000 余名。当年的广益纱厂位居全国民族资本纱厂第 6 位，是河南省创办最早、规模较大、设备较新的纱厂，也是安阳近代工业的发端。

1950 年 12 月，人民政府在广益纱厂恢复生产，易名为“平原省安阳豫北纺织厂”。1965 年更名为“河南省豫北棉纺织厂”，经过历次扩建和技术革新，豫北棉纺织厂逐步发展成为国内具有先进生产工艺的大型棉纺织厂，国家大型二级企业，全国纺织系统先进工厂。

建于清末的纱厂办公区

纱厂西式建筑

纺织女劳模

纱厂大门

纱厂光荣塔

　　纱厂现存的厂前四合院办公区，有建造于清末宣统元年（1909年）的一座二层办公楼及东西值房、会议室等建筑。该院落西式建筑风格鲜明，造型精细浑厚。楼房的向阳面采用欧式券廊式结构，双坡屋面，顶部有拔气孔。楼内建筑布局宽阔通透，庄重大气。院落中央的会议室为正方形廊柱围合的单层建筑，四面攒尖坡屋顶，上部设宝瓶装饰，带有明显的欧美式建筑风格。东西值房均为拱形门窗的西式建筑。这座院落成为早期西风东渐的建筑瑰宝和安阳西式工业建筑的典范。2004年，反映安阳20世纪70年代民间生活的电影《孔雀》曾在此拍摄。历经百年风雨沧桑，这座办公院落见证了豫北棉纺织厂的沉浮兴衰。2014年4月公布为安阳市第三批市级文物保护单位。

　　在厂区东西干道的中央，矗立着一座始建于20世纪50年代的光荣塔，在豫北棉纺织厂兴盛的数十年之中，火热的社会主义劳动竞赛，涌现出许多劳动模范和先进生产者，他们的照片和事迹张挂于光荣塔上，成为人们学习的榜样。光荣塔记载着劳动者的荣耀，见证了一个时代，成为豫北棉纺织厂的标志性建筑。

1950年豫北纺织厂恢复生产开工典礼合影

大和恒面粉工厂

面粉厂办公楼房

北厂街面粉厂西围墙

38. 大和恒机器磨面

安阳地处太行山前的漳河、洹河平原，这里土地肥沃、水源充沛，历来为豫北小麦的主产地。安阳优质小麦资源充裕，所出产的小麦粒大、筋多、粉白、出粉率高。安阳水陆交通便利，1906年建成通车的京汉铁路为安阳面粉的对外运输创造了有利条件。

1915年，京城商人齐竺山、齐如山、韩辅臣看到了在安阳进行面粉加工的巨大商机，他们筹资8万银元，在安阳火车站旁的北厂街兴办了大和恒面粉股份公司，成为安阳近代民族工业的代表之一。1917年，齐如山等人又从法国购买了三台大型电动磨粉机，扩大了面粉厂的生产规模，当年面粉厂有技师和工人近百人，日产面粉1000袋，所生产的"狮子"牌小麦粉产量的四成沿京汉铁路输出，主要销往京城。20世纪30年代初，大和恒面粉厂进入产销两旺的鼎盛时期，为扩大经营规模和销售渠道，面粉厂购置了城内西大街128号与纪家巷连通的四进四合院落，作为办公和经营面粉的门店。1949年4月，中国人民解放军第四野战军第四十二军攻克安阳城外围四关后，解放安阳的攻城战役即将打响，大和恒面粉厂的水塔和二层楼房曾作为攻城部队的指挥所。安阳解放后，大和恒面粉厂率先恢复生产，投放市场供应。后来面粉厂原址改设为安阳市粮油机械厂。

西大街128号粮行旧址保存至今，得到保护修缮。其建筑形制规整，房屋的瓦檐、山花、墀头等建筑构件砖雕细腻，舒朗大气，成为安阳老城珍贵的历史建筑遗存。

39. 教堂建筑的遗存

清代末年，外国传教士来到豫北传播基督教，开办教堂和学校。

天主教堂位于安阳老城二道街的南端，由意大利籍传教士林栋臣等人于清光绪二十九年（1903年）兴建。教堂分为东西两院，占地约15亩，建筑风格有机融合了中西方建筑技法。东院的天主教堂1994年重建为高耸的哥特式砖木结构建筑，白色大理石门券。北屋配房为西式经堂，经堂东侧的神父楼，前廊檐下九根白色圆形廊柱左右排列，楼下有地下室。西院为二层楼西式教堂建筑，砖木结构，拱形玻璃门窗，青瓦坡屋顶。西院南楼为圣心会修女院，东楼一层为教会开办的眼科医院，北楼为崇真学校。新中国成立后，这里开设为安阳市眼科医院。1989年，

二道街天主教堂

教会学校

教会建筑

教会医院

眼科医院迁址。教堂西院北部现为深蓝学校。

安阳基督教会的前身为基督教长老会。清末光绪年间（1875—1908年），加拿大古约翰牧师、史雅格医生等人来到河南彰德，他们先于内黄楚旺镇建教堂、设医院，后到彰德府城传教。清光绪二十一年（1895年），在安阳北关铸钟街（今红星路）购地建筑教堂，后来又开设斌英学校，创办医院。北关红星路的耶稣堂，百姓俗称"东洋房"。教堂前面一幢四开间方形两层楼房，为加拿大汉学家明义士故居，这幢建筑四面坡顶，清水砖墙，原设围廊，每面墙上砌有三道砖柱作为装饰，现已辟为明义士甲骨学研究纪念馆。

40. 西关有座清真寺

伊斯兰教自唐代经丝绸之路传入中国，俗称"回教"。其习俗因地域、民族、社会因素而各具特色，"开斋节""宰牲节""圣纪"

西关清真寺

是伊斯兰教的盛大节日。安阳城区的回族同胞自明代由山东及河南获嘉、孟县等地迁入，主要聚居在西关集市街、花市街、驴市街一带。清乾隆五十二年（1787 年）始建清真寺，距今已有 200 多年的历史。清代咸丰年间（1851—1861 年）重修清真寺，寺院坐西朝东，建筑面积 2000 余平方米，为传统殿堂式建筑风格，分大殿、南北院、耳房几个部分。寺内设有女子学校，教授阿拉伯语。

历经百年风雨，清代所建的清真寺已显狭小陈旧，安阳市人民政府曾于 20 世纪 80 年代两次拨款修缮。新建一所清真寺，满足安阳穆斯林的活动需要提上议事日程。安阳市伊斯兰教协会在社会各界的资助下，在西关驴市街 39 号原址新建的清真寺于 1993 年 11 月 18 日落成。新建的清真寺为绿色圆形拱顶建筑，礼拜堂面积 282.75 平方米。它与新建的南、北配房组成开敞的庭院，院内绿树婆娑、典雅恬静。清真寺最大一座拱顶的高处安装月牙标志，具有浓郁的伊斯兰教建筑风格。

第四章

人文风韵　灿若星云

　　昼锦坊、小颜回巷、洛阳府、仁义巷、中山街……一串老城街名，一部古城史书。那久远的市井街衢、寻常巷陌、百年老屋记述着彪炳史册的文治武功，跃动着名人辈出的人文风韵。

　　昔日文峰塔檐下绿树环抱的四合院是百姓生活的乐园。日出日落、一年四季皆有风景。春天的海棠枝蔓繁盛，盛夏的石榴花四处飘香，秋日的枣树果实累累，冬日的椿树枝干挺拔。寒来暑往，四合院儿里左邻右舍五味杂陈的生活滋味和他们的喜怒哀乐，皆已融入安阳老城人的生命历程中。微风吹拂的街面儿，传来那熟悉而悠长的叫卖声："绿豆（噢）——粉浆（哎）——"

41. 郭朴谦让仁义巷

　　对于老城里的仁义巷，安阳人皆耳熟能详。关于这条巷名的来历，许作民先生在《历史上的安阳城》①中记述：明代嘉靖年间（1522—1566 年），邑人郭朴为京官时，里居为邻人侵占墙址，其

---

① 许作民：《安阳古代纪事》，中州古籍出版社 2007 年版，第 435 页。

子争之，邻人不予理会，乃致书于其父郭朴。郭朴答曰："千里捎书只为墙，让他几尺有何妨。"因此郭家便退入垣内数尺，邻人亦感其仁义而让之，于是，安阳老城里便有了这条"仁义巷"。

郭朴（1511—1593 年），明代安阳人，字质夫，世称"东野先生"。明嘉靖十四年（1535 年），郭朴考中进士。明代嘉靖（1522—1566 年）、隆庆（1567—1572 年）年间，郭朴任吏部尚书兼武英殿大学士，入内阁，乡人称其为"郭阁老"。郭朴才学过人，为官清廉，举贤荐能，《明史·郭朴传》称其"德高望重"。郭朴卒年 83 岁，赠太傅，谥"文简"，有《郭文简公集》《彰德府续志》等著述传世。长期以来，郭朴与仁义巷的故事在安阳民间广为传诵，引为邻里谦让的美谈。为纪念这位家乡先贤，1988 年春北大街改造时，于今中山街钟楼东南隅复建了郭朴祠。

昔日仁义巷的路南有一条小巷叫"小回隆"，巷名源于漳河之滨河北魏县的回隆集，这里是豫北冀南远近闻名的传统集市。清末到民国年间，彰德府曾统辖周边 11 个县，漳河以北诸县有许多商户汇聚于彰德府城，他们经商创业并落户于此。在城内繁华的中山街、仁义巷附近，形成了一条与回隆集南北辉映的"小回隆"街。许多历史地名往往隐含着一座城市久远的商业文化信息。

仁义巷街景

仁义巷西口

谢国桢先生

42. 九府胡同谢国桢

100多年前，从安阳老城的寻常巷陌中，走出了一代文化名人谢国桢先生。

谢国桢（1901—1982年），字刚主，河南安阳人。1919年初夏，在"五四"运动的感召下，爱国青年谢国桢赴京求学，考取清华学校国学研究院，师从梁启超、王国维、陈寅恪研习国学和历史。毕业后先后于北平大学、国立中央大学、西南联合大学、云南大学执教。新中国成立后，谢国桢先后在天津大学、中国科学院哲学社会学部任教并担任研究员。受聘为国务院古籍整理出版规划小组顾问。谢国桢治学谨严，著述颇丰，学术成就影响深远。他是中国现当代著名的明清史、版本目录学专家，也是安阳人引以为傲的国学大家、文化名人。历史文化学者李自存这样评价："自民国以降，一百年来，从安阳走出的最具有影响力，成就最大，为安阳赢得荣誉最多的学者，

九府胡同谢国桢故居

百年老屋与石榴树

当属谢国桢先生。"①

谢国桢故居位于九府胡同谢公馆东南隅的偏院，现存一进四合院落，清代建筑风格，古朴典雅。如今，在房主人方家杰的悉心呵护下，百年老屋保存完好，4 株百年石榴树生长茂盛，成为安阳古城弥足珍贵的名人居所。该院落于 2011 年列入安阳市优秀近现代建筑保护单位名录，2012 年入选河南省第三次全国文物普查不可移动文物名录。

43. 养寿园袁氏小宅

清末宣统元年（1909 年）初，叱咤风云的清廷重臣袁世凯下野。下野后的袁世凯并没有回到交通闭塞的老家周口项城，而是于当年 6 月定居于河南彰德府洹上村。

安阳距北京较近，京汉铁路交通便利，洹河航运四时通行。因此择居洹水安阳是袁世凯考虑再三的选择，以期东山再起。他在洹河北岸修筑的府第巨宅名叫"养寿园"，占地约 300 亩，是一座庞大的城堡式建筑群落，周围筑有高大的围墙，四角还建有炮楼。养寿园正厅为"养寿堂"，西部建有"九宫院"，东部为花园。

袁世凯戎装明信片

---

① 李自存：《谢国桢》，河南人民出版社 2016 年版，第 255 页。

北国名园养寿园

养寿园水榭

养寿园临洹亭

袁氏小宅庭院

袁林美式墓门

三台风景

袁林五门牌坊

袁林全貌

养寿园引洹河之水，营造出小溪长流、山林峻石、珍禽异鸟、花红柳绿、亭台水榭的北方园林景象。园内筑有养寿堂、谦益堂、五柳草堂、乐静楼、红叶馆、九曲桥、湖石山、临洹亭、枕泉亭、澄澹亭、洗心亭、待春亭、泻练亭、碧峰涧等馆阁亭桥。园内北半部为果林区，假山曲径间遍植花木果林。昔日的养寿园规模宏大，建筑精美，集南北园林之精粹，被誉为"北国名园"。

　　袁世凯隐居安阳期间，在安阳城里的九府胡同占用谢公馆的后花园建造了一幢袁氏小宅，供其九姨太居住。1916 年 3 月 22 日，袁世凯被迫取消帝制，同年 6 月 6 日在北京猝然殒命。遵其遗嘱，葬于安阳洹北的"袁林"。

44. 东洋房与西洋房

　　东、西洋房是以前安阳城北两处著名的近代西式建筑。现今东洋房之中的明义士故居尚存。明义士（1885—1957 年），加拿大牧师，民国三年（1914 年）他来到豫北安阳，开始考察研究殷墟甲

东洋房明义士故居

骨文，著有《殷墟卜辞》《甲骨研究》等著作，成为著名的加拿大汉学家。

东洋房位于今红星路耶稣教堂的南侧，始建于清光绪二十一年（1895年），当时豫北地区遭受水灾，加拿大基督教长老会派遣牧师古约翰、传教士季里斐等人来到内黄楚旺镇和安阳一带施赈，传播宗教文化。他们在安阳城北的铸钟街修建了教堂，同时建造了七幢西洋建筑风格的两层楼房，俗称为"东洋房"。这些楼房用青砖

广生医院大门

西洋房广生医院

103

砌成，楼房装有玻璃门窗、木地板、楼梯，房顶为红平瓦四面坡。洋房周边还建有花园、凉亭、回廊等附属设施，用来开办医院和学校。

民国四年（1915年），加拿大、英国传教士又在安阳北关护城河外购地55亩开办广生医院，引入西方医疗技术，向民众传播现代医学知识，俗称为"西洋房"。新中国成立后，人民政府于1952年接管了东、西洋房，分设为安阳钢铁医院和市立第二人民医院，西洋房成为安阳市人民医院的前身。东、西洋房是"西风东渐"的产物，均由外国人设计，安阳本地泥木工匠分包承建，它们呈现着建筑材料、样式的时代特征和风貌。

45. 平市商场转花楼

平市商场转花楼，在安阳老城的传统商业建筑中颇有名气。

1918年建成开业的平市商场俗称"老商场"，位于老城内鼓楼东街路北。这是一幢平面呈长方形的二层连体楼房，四面围合，中间为开阔的天井。一、二层回廊贯通，西、南、北三面设有出入口，形成一个半封闭的商业空间，人们称之为"平市商场转花楼"。

平市商场转花楼　　　　　　商场里的布匹绸缎庄

老铺面与古槐

新华市场大门

此后半个世纪的大部分时光里，这里南北货物充盈，人流涌动，生意兴隆，声名远播，俨然豫北商业之翘楚。早年安阳民间曾流传着"进城不到平市商场转花楼，等于枉来彰德府走一遭"的俗语。

民国十七年（1928年），县署以北的府城隍庙改建为"中山市场"，较之先前就有的平市商场转花楼，这里称为"新市场"。市场向北辟门通中正街（县西街），西北辟门通平市商场，与平市商场转花楼连为一体，使鼓楼、城隍庙一带的商业文化氛围更加浓郁。市场里的中海楼、三义楼饭庄终日食客如云，成为安阳城内商铺荟萃、商业辐辏之地。中山市场门前向西的鼓楼东街南侧，为县政府于1932年建造的一排43间两层楼房，对外招租经营，与平市商场、中山市场毗邻。

新中国成立后，平市商场和中山市场一同更名为"新华市场"，20世纪50年代初曾一度恢复生机，购销两旺，直到20世纪60年代退出历史舞台。

46. 开辟新安小西门

清末，蓬勃兴起的洋务运动催生了中国早期的民族工业，随着实业创办风潮的兴起，六河沟煤矿、大和恒面粉厂、广益纱厂等一批工矿实业在豫北安阳应运而生。

清光绪三十二年（1906 年）三月，京汉铁路全线建成通车，当时的安阳车站名"彰德车站"。伴随着火车的通行，安阳车站周边的工业和商贸开始具备一定的规模，西关、车站商圈逐渐形成。由于安阳老城四面城墙的阻隔，导致城区与西关车站之间的交通甚为不便。于是，安阳城于民国二十一年（1932 年）开辟了第五座城门，并取名为"新安门"，寓意建设新安阳。民间俗称新安门为"小西门"，这是相对于大西门而言的。新辟的城门是在城墙上开辟了一个拱形门洞，城门上面砌筑具有西洋建筑风格的桃形装饰，出城的道路就势高起，以防水患；跨护城河又架设了一座石拱桥，石

新安门曾改名为新民门

栏护砌。新安门建成后成
为沟通安阳老城与西关、
车站之间的便捷通道。

　　新安门见证了安阳的
抗战烽火，记述着血与火
的 历 史。1937 年 11 月 4
日，侵华日军从新安门攻
陷安阳城，安阳人民从此
开始了八年抗战的艰苦征
程。日军侵占安阳时期，
曾将新安门改名为"新民

新安门旧址

门"。安阳古城城墙于 1951 年拆除，当时还保留了五座城门和四
座角楼，到 20 世纪 50 年代末，新安门因街道扩建消失在人们的
视野中。

47. 宋樟小院展风采

　　安阳老城后仓坑东岸的宋氏民居，始建于清末民初，现存两座
一进四合院。院落方方正正，坐北向南，五间堂屋宽敞明亮，东西
厢房各三间，房屋一色青砖勾缝，硬山灰板瓦覆顶。堂屋前檐为大
红明柱，梁枋下的木雕雀替花形大气，线条舒展，花格玻璃木窗，
四扇敞开式木质槅扇雕花门，雕工精美细腻。小院堂屋前植两株垂
槐，西南隅植一株银杏，深秋时节银杏果挂满枝头。这座宅院分为
东、西两个院落，中间有形同圆月的拱券门连通。

　　宋樟夫妇把居住的家园当作精神家园悉心保护修缮，付出不懈
的努力。2004 年 5 月 25 日，后仓街 15 号宋氏民居列入文峰区首批

后仓街 15 号宋氏民居

庭院

厅堂

文物保护单位，现为安阳市保存最为完好的清末民居建筑之一，是传统民居四合院的代表，点缀着安阳的古城风貌。2006 年 6 月 12 日，"安阳近现代建筑保护规划"将宋氏民居确定为市级保护建筑。该保护规划对这座民居建筑的评语为：宋樟小院是目前老城区为数很少、保护完好的清代建筑风格的代表性民居。宋樟小院、谢国桢故居等一批历史建筑确定为安阳人文居所保护建筑。

宋氏民居的保护模式，为当今古建民居的保护修缮提供了一个成功的范本。安阳老城的传统民居，将以其独特的魅力吸引更多关注的目光。

48. 东南马道薛家院

安阳老城城墙内侧的马道，周回环绕，过去用来通兵马、传号令。马道中只有靠城内的一侧有人家居住，外侧便是高耸的城墙。

城内东南马道 28 号薛家宅院，是安阳传统民居建筑的珍贵遗存，这座三进四合院落始建于清末光绪三十一年（1905 年），正房和厢房的前墙均为通体槛窗，玻璃槅扇，通风采光效果好。上房内正前设有木制屏风，从屏风两侧经过后门可进入后院，建筑样式带

瑞雪兆丰年

仪门

影壁

有鲜明的"京味儿"特征。该院落现存临街倒座房9间，黑漆如意大门的两边有一对抱鼓式门枕石。经过门楼、过道，迎面是北厢房东墙的硬山影壁，规制完整，建筑精美。花隔墙的中间为仪门，悬山式屋架，古色古香，与整座院落浑然天成。方正的庭院正房面阔5间，为明三暗五格局，两侧厢房与仪门、正房围合成一座规整的四合院落。院内花木扶疏，生机盎然，山楂、樱桃红果绿叶，散发着崇尚自然、亲和宜人的古风遗韵。

2016年夏秋之际，房主人薛湘霖又将后院残旧的五间上房落架大修，他聘请了通晓传统民居建筑技艺的老工匠，采用原真古建材料和传统工艺精心修缮。偏居古城一隅的东南马道薛家宅院，成为安阳民间自发保护传统民居建筑的一张闪亮名片。

红果累累的薛家庭院

2016 年修缮的后院上房

二进院正房

49. 鼓楼坡姚氏商铺

安阳地处豫北通衢要道，水陆交通便利，物产丰饶，是重要的豫北商埠。城内的鼓楼、城隍庙一带是彰德府城的文商荟萃之地。

开业于民国七年（1918年）的平市商场位于彰德府城隍庙西北隅，时人称为"转花楼"，后来更名为"中山市场"。临近中山市场的鼓楼坡街也是商贾云集，批零兼营，人流涌动，生意兴隆。街道东侧至今存留着一座百年民国商业建筑"姚氏七间楼商铺"，这座楼房的老店铺以往经营百货、玻璃、瓷器等，名号为"智兴隆""义顺成""京帽庄"，北端为"刘通兴布庄"。据房主人姚吉仲回忆，当年他的父亲姚义山开设的"义利百货商店"位于平市商场内一楼西北隅，后来迁至鼓楼坡街现址。商铺取名"义利"与"义

鼓楼坡街姚氏商铺

本书编著者 2012 年采访姚吉仲

顺成"，寓意童叟无欺、诚信经营、义中取利，传续着安阳的商业文化传统。

这是一幢两栋三间、四间的连体的商铺楼房，外墙装饰明显带有西式建筑风格，古朴庄重，砖雕细腻。女儿墙两端砌山河形状，中间为战国刀币形状。二层拱形窗券雕有蝙蝠图案，寓意"五福临门"。这座建筑是民国时期"西风东渐"的产物，也是安阳老城民国商业建筑的珍贵遗存。2012 年，"姚氏七间楼商铺"载入《河南省第三次全国文物普查不可移动文物名录》。

50. 红旗插上安阳城

安阳老城明清两代为彰德府城。清末民国时期，河朔重镇彰德府管辖安阳、汤阴、林县、临漳、内黄、武安、涉县七县。彰德府与安阳县府县同城，安阳县为府城首县、府治驻地。位于老城内东大街西头北侧的彰德府署，自明代洪熙元年（1425 年）从县东街一带迁至此处，之后历明清两代，至民国已逾 500 年。民国初废府治，设安阳县直属河南省，先后隶属豫北道、河北道。1932 年，旧彰德府署成为河南省第三行政督察区专员公署兼安阳县政府驻地，民间俗称"老衙门"，彰德府署西端与中山南街交会处被称为"府口儿"。

安阳城经历代修葺，濠深岸阔，城池坚固。解放前夕四乡顽匪

人民解放军攻占旧县政府

第四十二军攻克安阳城

欢庆古城新生

新生的人民政权

盘踞城内，负隅顽抗。1949年4月中旬，中国人民解放军第四野战军第四十二军长途奔袭，先后扫清城垣外围占领四关，包围安阳城。于5月6日拂晓发起总攻，解放军在炮火掩护下奋勇攻击，突破城垣和敌人的防御工事攻入城内，占领了旧彰德府署，红旗插上安阳城。安阳军管会、市委、市政府于当天随军入城，古城从此获得新生。安阳战役打响后，新乡守敌望风而逃，华北全部解放。

　　1949年5月，以城区及四关设立安阳市，原太行第五专区改为安阳专区。同年8月，成立平原省，安阳市为省辖市。1952年11月，撤销平原省，安阳市属河南省至今。城内东大街的彰德府署曾先后作为安阳市人民政府、安阳市人民委员会驻地。自此，新生的人民政权在安阳这片古老的文化沃土上，开启了波澜壮阔的城市建设历程。

下编

城迹篇

"城迹篇"收入文稿50篇，自1949年新中国成立至2021年中国共产党百年华诞。本编抒写安阳城市成长发展的历程，定格城市建设光影瞬间，城市变迁历历在目，旧貌新颜迎面而来。品读城市文化脉动，领略古都熠熠风采。

第五章

激情岁月　城市新生

　　新中国成立之初，安阳市是一座不足 10 万人口的消费城市，经济凋敝，百废待兴。经过三年恢复和第一个五年计划，安钢、电厂、豆腐营轻工业区拔地而起。城区相继出现第一条柏油马路、第一辆公共汽车、第一个自来水厂，还有环城公园、工人文化宫、五七桥建成投运。社会主义革命和建设热潮在这片古老而年轻的土地上激越回荡。

51. 环城公园的变迁

　　安阳老城自明太祖洪武初年由唐宋相州城改筑，形成现今护城河以内的城池范围。城内的大小坑塘，多为古代筑城时就地取土的遗存。新中国成立后，失去护卫功能的城墙被分段拆除。自 1951年 1 月 25 日至当年 7 月，拆除老城的四面城墙，当时还保留了五座城门、四座城墙角楼和炮台。同年，开始在旧城墙的基址上栽植乔木、灌木，修建环城公园，形成"既路又岭"的环城绿化风光带，有利于城市行洪。1952 年，西南城墙遗址周边的环城公园建成，拥有温室、花圃、图书室，疏浚了城墙以内的三角坑，城池景

三角湖公园今貌

西南城墙角楼

环湖长廊

公园大门

长廊文化

湖光潋滟

湖心亭、健康桥

观为之变易。

　　1953年春于湖中修建湖心亭、健康桥连接湖岸。当年恰有一批抗美援朝的志愿军伤员在安阳疗养，他们经常来到公园里向少先队员们讲述革命英雄的故事，小桥命名为"健康桥"，寓意让"最可爱的人"早日康复。这一年，从洹北养寿园运来太湖石，引护城河水贯通坑塘，栽植莲藕、石榴造园，新辟了动物展区、湖中游船，还举办了新春灯展。1965年7月，环城公园更名为"三角湖公园"。1973年整修公园环境和水域，1982年建成三角湖电影院。1984年修复明代城墙遗址，重建了角楼，其上置匾额"文峰在望"。

　　今天的三角湖公园，占地面积10.02公顷，其中水面1.73公顷。园内主要景点有明清彰德府城墙角楼遗址、环湖长廊、湖心亭、健康桥、湖岸码头、菊庄品茗、平台隐秀、平湖秋月、怡北茶楼、榴园听香、盆景园等，开设了游乐场、阅览室、健身房。历经岁月磨洗，环城公园见证了安阳古城的沧桑巨变。

52. 解放大道细品读

"解放"，带着鲜明的时代气息和历史印痕。新中国成立后，安阳城区铺筑的第一条宽阔平坦的柏油马路就是解放路。

解放路西起百年安阳火车站，东至人民公园，这条路的前身与安阳老城相伴相生，是老城的"北环城路"，距今有着640多年历史，述说了城市沧桑变迁。清光绪三十二年（1906年）春，京汉铁路建成通车，这条路的西段成为彰德车站"站前街"。20世纪初，外国教会在北关外创办了广生医院。到20世纪30年代，车站周围相继兴办了大和恒面粉厂、普润面粉厂、振兴铁工厂、棉花打包公司等一批工商企业。南厂街、北厂街、义安里、一马路一带商贾货栈云集，商业氛围浓郁，形成早期的西关、车站商圈。这条路成为联系老城区与西关、车站的重要通道，也是往返北下关到安阳桥航运码头的必经之路。

1951年9月1日，伴着高昂的劳动号子，当年筑路的市政工人用肩膀拉着沉重的石碾子碾轧路面。通达北城门附近长1142米、宽25米的白灰炉渣路面只用了两个多月便修成了。1959年夏，全长2158米的解放路全线铺设柏油路面，形成宽40米的三块板路面结构，中间为上下两车道的机动车道，两侧增设慢车道、人行道。安阳最早的公共汽车行驶在宽阔的柏油路上。道路两旁栽种的两排法国梧桐与这座城市一同成长，如今已是枝繁叶茂的参天大树。解放路自西向东汇聚起工农兵食堂、解放剧场、大华楼饭庄、跃进浴池、同来顺饭庄、青年门市部、怡芳照相馆、群众艺术馆、毛泽东思想宣传站（市广播站）、安阳饭店、人民医院、市交际处、百货大楼、安阳剧院、卫东商店、糖烟酒公司、五交化公司、东风商场等一大批商业、文化、医疗、教育等城市单位。安阳火车站、工人文化宫、北关广场、人民公园成为城市肌理的重要节点和市民关联密切的生活长廊。

1996 年春，投资 1000 余万元的解放路改扩建工程开工，这是安阳城建史上规模空前的道路扩建工程。车行道扩建为双向四车

20 世纪 80 年代解放路

道，首次铺装彩色人行道板，密如蛛网的架空杆线埋入地下，铺设了大管径雨污分流排水管道，缓解了雨季路面积水。两排亭亭玉立的玉兰花灯把解放路装扮得端庄俊秀。在绿树、蓝天、白云的映衬下，解放路焕发了青春的容颜。

解放剧场

2003年区划调整后，安阳城区58条道路重新命名，将东西走向的道路称为大道，解放路更名为"解放大道"。同年，工人文化宫的近旁建起了郁郁葱葱的劳动广场。此前一年北关广场改造新建了拱辰广场，卫东商店、解放路旅社、土产日杂公司等一批老建筑退出历史舞台。2010年6月9日，新一轮解放大道升级改造工程启动，在红旗路与解放大道交会处等修建了地下过街通道和13个地下商场出入口。民主路至友谊路475米路段拓宽为50米双向六车道，拆除北关广场街心环岛，结合人防工程建造的地下商城"地一大道"与红旗路有地下商场相连通，解放大道具备了立体的商业和人防空间。

玉兰花灯

2012年10月，解放大道完成了又一次华丽转身，全线双向六车道拓

彩色摄影

宽改造告竣，中间增设隔离护栏，路口设左转弯待转区，港湾式公交站点提升道路通行能力。道路宽阔笔直，绿树掩映的高大建筑鳞次栉比。一条解放大道跨越历史时空，阅历古城风云际会。如今的解放大道古老而现代，传统与时尚相交融。它的变迁历程是安阳城建的缩影，娓娓诉说着城市的昨天和今天。

53. 话说工人文化宫

安阳城区首座大型公共建筑是建成于新中国成立后"一五"时期的工人文化宫。1951 年 2 月 7 日，工人文化宫奠基仪式在解放路与纱厂路交会处东北隅举行。此后，隔年于 1953 年动工兴建，1954 年 12 月 15 日竣工。

1954 年工人文化宫竣工

1955 年安阳市工会代表大会

工人文化官大门

这是一座独具民族特色的大型砖木结构建筑，占地 25480 平方米，主体建筑面积 2796.3 平方米，建筑功能为电影院兼演艺会堂，共设有 1756 个座位。工人文化宫的三连圆弧形建筑立面庄重浑厚，古朴典雅，民族特色浓郁。半个多世纪以来，堪称安阳城区重要的新地标建筑之一。

　　工人文化宫从建成那天起，就成为全市劳模表彰大会和重要集会的举办场所。修建文化宫所用的青色大方砖，有的来自西城墙拆下的城墙砖，有的来自洹北袁世凯养寿园的断壁残垣。当年为了节省财政开支，动员了机关干部、工人、学生，利用节假日参加义务劳动。从洹河北岸的养寿园到文化宫施工工地，人们排成了长达 5 里的一字长蛇阵，手把手传递着大青砖，劳动场面热火朝天。安阳机床厂的工人师傅们自告奋勇，包揽了文化宫礼堂内 1000 多个座椅的制作和安装。1973 年改扩建了影院近旁的灯光球场，成为

劳动广场

城区举办体育赛事的中心场地。青少年阅览室，图书室，旱冰场，露天舞池，书法、音乐学习班，成为人们业余文化生活的乐园，珍藏了几代人的青春回忆。2003年春，文化宫的庭院和西边的场地建成了劳动广场。

2008年11月，历经半个多世纪风雨的工人文化宫拆除重建，新建筑沿用了原来建筑的立面符号。

54. 鼓楼广场最难忘

南北大街纵轴线是安阳老城的城脉所系。明太祖洪武初年改筑彰德府城时所建的鼓楼，当时也称为"谯楼"，成为老城的标志性建筑。这里地势高亢，位于城内十字大街交会处。

20世纪50年代鼓楼广场

1950 年全市劳模游行

广场岁月

支援农业大丰收

往昔，每年农历二月初二"龙抬头"这天，安阳都要在鼓楼举行传统的庙会。春寒料峭，人们扶老携幼到府城隍庙敬香祈福，逛罢熙熙攘攘的平市商场转花楼，便沿着鼓楼坡登上鼓楼，祈愿风调雨顺的好年景。民国二十四年（1935年）端午节前夕，巍峨的鼓楼三重檐楼阁失火焚毁，遗留下高大的鼓楼台基。

1956年，百废待兴的城市在国民经济第一个五年计划中得到恢复。这一年，拆除了鼓楼台基和南北向的鼓楼洞子，中间的空旷地带形成了鼓楼广场，广场中央建起一座象征中苏友好的纪念塔。建成开业于1952年的鼓楼电影院门口霓虹闪烁，不断变换的电影海报凝聚了几代人的光影记忆。广场四周云集了银行营业所、清华浴池、鼓楼照相馆、钟表眼镜店、中山街邮局、鼓楼后百货商店、姚家膏药老铺、南锦泰糕点铺、晋丰茶庄、绸缎布匹店、土产杂货铺、江南包子馆等众多商号，各色生意一应俱全。鼓楼广场西南隅的西南角楼始建于明代，梁枋之上至今存留着精美的木雕装饰，1949年安阳解放后的部队入城式从它的旁边经过。西南角楼无言见证了发生在这里的沧桑巨变。

鼓楼广场今貌

132

20 世纪 80 年代初的鼓楼广场，回荡着时代变革的序曲。各式各样的新鲜事物接踵而至，鼓楼广场引领着潮流和时尚。从清晨到夜阑，这里成为"吃货"的天堂，老安阳的美食应有尽有，高亢低回的叫卖声不绝于耳……鼓楼广场叠印岁月影像，凝聚城市记忆，成为安阳人的精神家园。

55. 新桥双桥五七桥

洹水汤汤，不舍昼夜。它从历史的深处一路走来，蜿蜒流过安阳城区，润泽这片文化沃土。

老安阳桥上游 1 公里处，郭家湾村东侧，是中华人民共和国成立后人民政府在洹河上最早修建的一座大桥。这座桥梁 1956 年 3 月 15 日动工兴建，钢筋混凝土双悬臂结构，采用苏联公路标准设计。1957 年 5 月 1 日建成通车，被命名为"五七桥"。相较老安阳桥，俗称"新桥"。"五七桥"的建成，沟通了洹河北岸豫北棉纺织厂、飞机场与南岸主城区的联系，曾经作为 107 国道市区过境线，

五七桥的变迁

五七桥今貌

桥墩映照时代变迁

成为城区南北交通的大动脉。1979年对大桥实施加固维修。1984年在大桥西侧新建桥梁一座，使桥面宽度达到18米，缓解了城区交通压力，此后的"五七桥"又被称作"双桥"。

世纪之交的2000年春，"五七桥"拓宽改造纳入当年的"五路一桥"市政重点建设工程。在现有桥梁西侧，新建一座全长100米、宽18米的桥梁，新桥与旧桥连为一体，形成36.5米宽的桥面，双向四车道，两侧设人行道，使桥梁通行能力增加一倍。新建桥梁上部结构为现浇盖梁、预应力空心板、沥青砼桥面，下部结构为5孔6排30根砼灌注桩基。"五七桥"拓宽改造工程于2000年3月14日开工，同年7月30日竣工通车。

历经60余载岁月洗礼，从1957年建成到后来两次改扩建，"五七桥"在安阳城市交通和城建史上具有代表意义。桥梁名称的变化，讲述着城市变迁。不同结构、材料、施工方案记述了建桥工程科技水平的发展。桥梁下部的三种桥墩结构，映照出不同历史时期的桥梁施工工艺和时代特色。

56. 流动风景话公交

安阳公交 60 余载风雨兼程，叠印城市发展变迁的影像。

1958 年 9 月 7 日，第一辆公共汽车在安阳城区正式投入运营。当年河南省分配给安阳市两辆匈牙利产"依卡路丝"大客车指标，开辟了安阳至水冶、安阳至吕村 2 条线路，全长 57.5 公里，每线每日往返两班车，便利了城乡交通联系。

1960 年 4 月 21 日，安阳市公共汽车站在西环城路落成，1964 年更名为"安阳市公共汽车公司"，次年拥有公交车 13 辆，扩展了运营线路。1988 年 3 月 21 日成立"安阳市公共交通公司"，当年营运公共汽车 92 辆，出租轿车 6 辆，全市有 3 个车队，5 个调度点，8 条公交线路，营运里程 381 公里，年客运量 1759 万人次。自 1996 年起，全市 70 岁以上老人、革命伤残军人开始免费乘坐公交车。2008 年底，公交营运车辆增加至 680 辆，运营线路 46 条，年客运量 7000 万人次。2014 年 9 月，102 台新能源空调公交车上线运营，同年 11 月 17 日开通 3 条旅游公交专线。2015 年末，市区拥

20 世纪 50 年代的公交车

20 世纪 70 年代的公交车

过往的公交站场

新型公交站牌

有公交线路53条，线路总长821公里，城区公交线网覆盖率2.27公里/平方公里，日均发送500余个公交班次，全年实现营运里程2900万公里。

2018年末，927台比亚迪新能源K8、K9型公交车，取代了往日的燃油和混合动力公交车，行驶在安阳城乡的62条公交线路上，扫码乘车、公交App、公交行驶实时显示屏广泛运用。智能化新能源公交车便利市民出行，成为一道流动的城市风景。

57. 十里钢城的蝶变

　　1958 年 8 月 10 日，河南省安阳钢铁公司在西郊梅园庄附近动工兴建，同年 10 月开始建设铁矿，这片热土记录着一代代安钢人的奋斗与梦想。1959 年 5 月 17 日，安钢建设者用激情和苦干迎来了 1 号 255 立方米高炉、转炉，轧机投产出钢，结束了河南少铁无钢的历史。安钢是河南省第一家由采矿、炼焦、炼钢、轧钢组成的钢铁联合企业，它的建成对河南省，尤其是安阳市工农业生产做出了重要贡献。

　　1980 年，安钢在全国工业企业中率先实行承包经营，融入改革发展的时代洪流。1989 年，年产钢材 100 万吨。安钢坚持加快结构调整，推进产业升级，实现工艺现代化、设备大型化、产品专业化，2017 年实现利润 20.6 亿元。今天的安钢，已成为年产钢 1000 万吨的现代化钢铁集团，是河南省最大的精品板材和优质建材生产基地。

1958 年安钢开工建设

1 号炉建成投产

钢城之夜

安钢一隅

安钢大门

环保企业

花园工厂

安钢集团环保治理水平逐年提升,"园林化"工厂使企业面貌焕然一新。2019 年底,安钢被授予"国家环保 A 级企业""国家 AAA 级旅游景区"称号,成为绿色发展的标杆。安钢的产品由最初的粗钢加工发展到现在的精品厚板、高速线材、中小型材等 30 多个品种、2000 多个规格的钢材产品以及炼焦化工产品。63 年栉风沐雨,安钢已发展成为中国知名的现代化大型特钢企业,演绎了从无到有、从小到大、从弱到强的华丽蝶变。

58. 家家用上自来水

安阳老城的"大井街""井夹道""甜水井街"等古老的街巷地名,讲述着过去百姓的市井生活。因井水水质的差异,甜水井用来淘菜做饭,苦水井则用于洗衣浇灌。20 世纪 80 年代以前,辘轳、井绳、扁担、水桶是城区居民必备的生活用具。

1958 年筹建的安阳城区第一座自来水厂,位于铁西小花园西南,次年 8 月建成。1960 年 7 月 1 日开始一级供水,日供水 600 立

百姓庭院中的自来水管　　　　　　昔日的公共水站

南水北调中线工程

方米，供水管道长 5.7 公里，首次用上自来水的 11 家单位是供电所、机床厂浴池、车站旅社、合作食堂、第二食堂等。1965 年 5 月 1 日开始二级供水，城区共铺设自来水管道 20 公里，居民自来水用户 10.6 万人。随着工业生产和人民生活用水需求的提升，1972 年，一水厂二级泵房的扩建使日供水能力增至 3 万立方米。20 世纪 70 年代中期，第二、第三、第四水厂相继建成，日供水能力达到 25 万立方米。1986 年 11 月 1 日，老城区 52 条街道的 5300 余户居民全部接入公用水管，老城居民从此告别挑水的历史。曾几何时，老百姓在院子里一拧水龙头，便能吃上自来水的世代梦想变为现实。

1993 年 6 月建成的第五水厂以岳城水库为水源，日供水能力 10 万立方米，与城市供水管网并网通水，结束了安阳城区没有地表饮用水源的历史，有助于高层住宅自来水水压达标。

南水北调中线工程在安阳境内全长 66 公里，穿越汤阴县、龙安区、文峰区、殷都区 14 个乡镇、85 个行政村。年分配安阳市总水量 2.83 亿立方米，全市受益群众约 180 万人。2014 年 12 月 12 日，南水北调中线一期工程正式通水，农田灌溉得到保障，安阳

安阳河倒虹吸工程

新建的第八水厂

142

河、汤河水质明显改善。2016年3月，引岳入安二期工程开工建设，年生态补水7300万立方米。2016年9月23日，建成供水的第八水厂让安阳人民喝上了清甜甘洌的丹江水。城市供水形成地下水、岳城水库、南水北调三水源供水体系。2018年12月28日，第六、第四水厂二期通水，两座水厂采用双水源模式，实现了以南水北调为主的地表水供应全覆盖。

2020年市区供水主干管网长800公里，售水量6103.91万立方米，为市区100余万人提供生活生产用水。

59. 城区扩展具规模

1949年5月6日安阳解放，同年5月15日以安阳城及四关建立安阳市，共设4个区公所，城内南北大街以西为第二区，以东为第三区，古相镇、新邺镇同时废除。同年8月1日平原省成立，省会设在新乡市，安阳市为省辖市。

1949年12月，安阳市城区扩展，平原省人民政府批准由安阳县划入16个村庄：安阳桥、太平庄、延年庄、安家庄、王小庄、河渡村、郭家湾、霍家村、魏家村、常家湾、东官园、曹家庄、胡家庄、薛家庄、六府园、龙虎庄，土地6056公顷，共1376户、5239人。1950年4月1日，安阳市区第二次扩大，从邺县、安阳县划入24个村庄，人口5322人。1952年11月，平原省撤销，安阳市改属河南省。

1955年8月1日，安阳市人民政府改称安阳市人民委员会。濮阳专区合并于安阳专区，邺县合并于安阳县，驻地均迁往市区。同年11月上旬，安阳专区将安阳县属21个村庄划归安阳市管辖，共计1718户、7409人，市郊范围扩大后，全市共27156户、

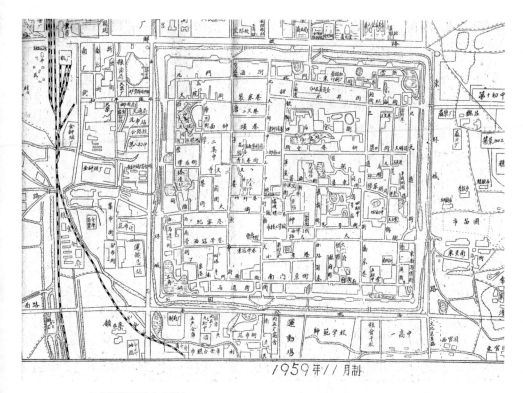

1959年安阳城区图（局部）

124417人。1959年2月7日，安阳市区范围第四次扩大。经河南省人委和新乡专署批准，将安阳县娘娘庙等55个村庄划归安阳市，全市总面积达130平方公里，总人口为26.67万人。市区范围东起鲍家堂，西到郭里村，南达苏七里，北至屈王度。

　　1958年8月"大跃进""人民公社化"运动中，全市城乡共建成22个人民公社，文峰区改为灯塔人民公社。1960年8月调整合并为东风、红旗、灯塔3个公社，1962年6月撤销灯塔人民公社，恢复文峰区建制。1973年8月15日，河南省革委会批复将文峰区划分为文峰、北关、铁西3个区。

60. 1959 年城市规划

1949 年安阳解放之初，城区面积仅 4.5 平方公里，人口 5.93 万人，辖老城区、四关及车站地区。"一五"时期（1953—1957 年），南北大街、大院街、西华门街等 11 条街道改建为白灰炉渣路面，修复了四座城门、七座砖拱桥。护城河外整修了西环城路、和平路、纱厂路、一马路等 40 条街道，安装路灯 525 盏，改善了城市面貌。

1958 年中共安阳市委由老城内迁到北关，安阳市人民委员会迁至甜水井街，行政中心向北关一带转移。"二五"前三年，新建

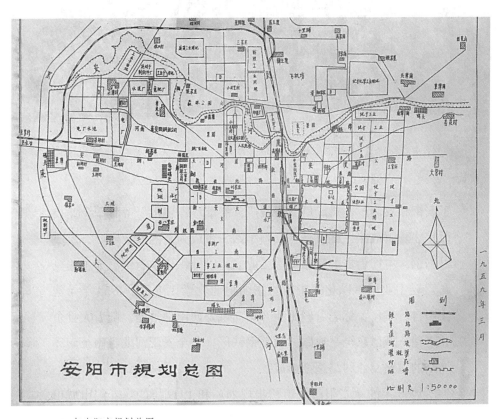

1959 年安阳市规划总图

劳模大会合影

了安钢和发电厂，机床厂、火柴厂、卷烟厂、电池厂等骨干企业技改扩建。解放路、红旗路、安阳车站一带成为新的商业中心，形成以安钢、电厂为主的铁西能源工业区，以针织厂、造纸厂为主的豆腐营轻工业区，以化工染料为主的洹北化学工业区。1959年始建安阳自行车厂，标志着轻工业开始向城外西南部发展。随着大批企业兴建，城区东至平原路、西至钢铁厂，北至安阳河北、南至南环城路的道路交通网络逐渐形成。

1958年的《安阳市城市初步规划》和1959年的《安阳市城市规划修改》是在"大跃进""人民公社化"的形势下制定的，经济建设"高指标""浮夸风"影响到城市规划。但从城市发展方向和工业布局来看是基本合理的，开辟了铁西和市区东北豆腐营两个工业区，适应工业布局调整的需要。1959年是中华人民共和国成立十周年，同年安阳市委托河南省建工厅城建局制订城市规划方案，城市人口在1962年发展至30万人，远期至1972年控制在50万人，城市总用地101.7平方公里。铁东、铁西分别按20万、30万人口布置生活居住区，城市按行政区建立4个人民公社。工业布局铁西以钢铁为主，铁东以地方工业为主。道路宽度主干道40—50米，次干道30—35米，支路15—20米，在京广铁路线上建3座立体交叉桥联系铁路东西。

第六章

光影陆离　城市记忆

安阳城区依托老城成长变迁。经过20年建设发展，20世纪六七十年代兴建了一批门类齐全的骨干企业和地方工业企业，城区36条主次干道建成，城市规模粗具。殷墟被国务院公布为第一批全国重点文物保护单位。两座下穿京广铁路立交桥建成通车，北关广场、百货大楼、安阳剧院、卫东商店、人民公园镌刻时代印记，融入城市记忆。

61. 城市街道新命名

中华人民共和国成立后，经过十余年建设，到20世纪60年代初，安阳城区主要街道正式命名。下面为安阳市人民委员会通知（会办字第11号）。

我市在中共中央和毛主席英明正确的领导下，在党的建设社会主义总路线的光辉照耀下，十年来，城市建设工作适应着我市工业生产建设发展的需要，贯彻执行了为生产、为建设、为劳动人民服务的城市建设方针，获得了光辉成就。成街成片地新建了大批的工厂、住宅、生活福利和市政设施。建成了很多宽广笔直的马路。鉴于这些马路已经定型，为了便于生产建设、交通运输和城市管理起见，经本委研究批准命名安钢大道、人民大道、解放路、红旗路等36条新建道路名称，进行公布。仰我全市人民一体周知。

此告

市长　李绪三

一九六〇年一月二十七号

新命名道路名称表

序号	路　名	宽　度	起　止　地　点
01	安钢大道	50 米	东起高楼庄，西至市县交界
02	人民大道	50 米	西起京广铁路，东至漳南路
03	一钢大道	50 米	西起钢一路，东至京广铁路（文明大道）
04	钢电路	30 米	南起安钢大道，北至电厂东北（华祥路）
05	铁一路	30 米	北起安钢大道，南至一钢大道
06	跃进路	35 米	北起一钢大道，南至自行车厂东南（太行路）
07	卫星路	30 米	东起一钢大道，西至申家岗（文明大道）
08	铁西路	40 米	北起安钢大道，南至铁西仓库区
09	洹滨北路	30 米	西起东洹桥，东至化工路
10	化工路	35 米	南起洹滨北路，北至化工区西北
11	纱厂路	南40米北35米	南起解放路，北至豫北纱厂（彰德路、纱厂路）
12	红旗路	40 米	北起洹滨南路，南至解放路
13	自由路	35 米	西北起东洹桥，东南至五岔路口
14	东风路	35 米	北起织染厂东，南至解放路

续表

序号	路　名	宽　度	起 止 地 点
15	友谊路	20 米	北起人民大道，南至解放路
16	民主路	20 米	北起灯塔路，南至北门东街
17	东工路	30 米	北起安漳路，南至仓东路
18	漳南路	20 米	北起漳涧路，南至灯塔路
19	解放路	40 米	西起安阳火车站，东至东风路（解放大道）
20	灯塔路	20 米	西起纱厂路，东至漳南路
21	健康路	20 米	西起纱厂路，东至市委礼堂
22	洹滨南路	35 米	西起东洹桥，东至东风路
23	安漳路	30 米	西起安阳桥南头，东至漳南路（安漳大道）
24	棉漳路	30 米	西起织染厂，东至漳南路（盘庚街）
25	和平路	20 米	东起小西门，西至南厂街
26	西环城路	40 米	北起解放路，南至南环城路（彰德路）
27	东环城路	35 米	北起解放路，南至南环城路（东风路）
28	南环城路	35 米	西起京广铁路，东至东环城路（文明大道）
29	文东路	35 米	北起南环城路，南至石油库西（东风路）
30	园南路	20 米	西起东环城路，东至白墙庄（紫薇大道）
31	东关路	20 米	西起东环城路，东至东工路（东关街）
32	仓西路	30 米	北起南环城路，南至仓南路（彰德路）
33	仓南路	30 米	西起安汤公路，东至南下关（校场路）
34	仓东路	30 米	西起二钢路，东至东工路（德隆街）
35	仓北路	20 米	西起仓西路，东至二钢路（迎春西街）
36	二钢路	30 米	北起仓北路，南至二钢路（能源路）

* 摘引自 1963 年 7 月《安阳市城市建设管理法令汇编》（第一辑）。道路名称后括号内的路名为现在使用的路名。

东工路

解放路

东环城路

西环城路

红旗路

稻滩路

铁西路

1965年3月3日，安阳市人民委员会批准以下旧街道改名和新建街道命名：原神路街改名"新华街"，原二郎庙街改名"菜市街"，原东健康路改名"健康东路"，原文峰大道改名"文峰路"，原一钢大道改名"一钢路"。电池厂南边新建路命名为"永安街"，专署医院东边新建路命名为"铸钟街"，安阳县人委西边新建路命名为"县中街"，驻军司令部西边新建路命名为"爱民路"，驻军司令部后新建路命名为"红星路"。

62. 红旗广场市中心

往昔，安阳城区传统的商业文化中心无疑是鼓楼广场。中华人民共和国成立后，城市中心逐渐向北移到了北门外的北关广场。说是广场，只是城北门外两条主要道路的交会之处，成为这座城市的客厅与门面，伴随着城市前行的步履，凝练起几代安阳人的集体记忆。

从20世纪50年代起，安阳城北修建了工人文化宫，还有解放路、红旗路两条宽阔的柏油马路，城北门外安阳老城的北关，从城北门至灯塔路为"北上关"，向北延伸的地段叫作"北下关"。当年北门外的道路中央建有一处圆形花坛，中间竖立着木制方塔，成为城市中心的象征。1969年9月25日，解放路、红旗路交会处的

红旗广场集会

昔日北关广场

开展爱国卫生运动

卫东商店

拱辰广场

北关街景

"主席台"落成，这一地带也从"北门""北关广场"变身为红旗广
场，成为当时人们集会和游行的场所。"主席台"是圆形的台基，
周围设有护栏，上面有一座四面方形的标语塔，上方书写"毛主席
万岁"，塔顶红旗招展。当年这个圆形基座的地下设有机械装置，
召开万人大会时，可以控制"主席台"上的标语塔座南北移动。后
来主席台消失了，这里仍叫作"北关广场"，道路中央建起了安阳
第一个"交通环岛"。

老安阳的北关广场、解放路、红旗路一带，汇聚了城市的行
政、交通、商业、文化诸多功能。百货大楼、市委招待所（原市
交际处）、安阳剧院、东方红影院、红旗浴池、市邮电局，还有被
冠以"殷都夜明珠"美誉的卫东商店环绕其间，周边还分布着理发
馆、彩色黑白摄影中心、食品一条街……从新中国成立直到21世
纪初，北关广场作为安阳的城市中心长达半个多世纪。

63. 百货大楼新地标

安阳是商业肇始之地，豫北冀南首要商埠。

新中国成立后，城北门外的北关广场渐渐成为安阳市的商业、
文化中心。北关广场的地标建筑，无疑是1959年始建的安阳市百
货大楼，它有着不平凡的身世。这幢宏伟的大型商业建筑主楼原设
计为5层，裙楼4层，大楼建设之初，适逢国家压缩基建规模而停
建。到了1964年12月31日，建到两层的百货大楼封顶开业，成
为安阳人趋之若鹜的购物天堂。百货大楼的崛起，在平房连绵的建
筑中，无异于鹤立鸡群。那时候，每逢国庆佳节，秋高气爽，艳阳
高照，北关主席台交通环岛内花团锦簇，解放路两旁高大的法桐浓
荫蔽日。午后的阳光，映照在当时只有两层的百货大楼上，洒水车

昔日百货大楼

百姓购物天堂

城区首家超市

百货大楼的岁月印迹

在道路上往来穿梭,那欢快、祥和的城市景观深深刻印在安阳人的脑海里。

沐浴着改革开放的春风,20年后的1980年安阳百货大楼完全建成。这是一幢主楼五层、两翼四层的扇状大型商场,占地1.5公顷,建筑面积12385平方米,营业面积8088平方米。百货大楼的一层门面,设置12个大型橱窗,展示着五光十色的安阳名优工业产品。入夜的百货大楼霓虹闪烁,流光溢彩。百货大楼以经营百货、文化用品、服装、针纺织品为主,商品多达13500个种类,可谓吃、穿、用、娱乐商品一应俱全,每天吸引着5万余名顾客光顾。周边郊县和河北临漳、磁县的百姓,逢有婚庆喜事,来到这里一站式购物即可置办齐全,满载而归,脸上充盈着喜悦的神采。

这家安阳市最大的国营商业零售企业,无论从营业面积、商品品种、顾客流量,还是销售额、美誉度,都稳居安阳商业零售之翘楚,入选河南省十大商业零售企业,成为展示安阳市精神文明和物质文明的重要窗口。20世纪80年代安阳的首家超市——百货大楼自选商场就诞生在这里。安阳百货大楼引领百姓消费潮流近半个世纪。

时光荏苒，光影交错。从老城区鼓楼、城隍庙商圈的中山市场转花楼，沿着繁华的南北大街，来到北关的百货大楼，这是一条安阳城的文商历史脉络，久远传续着古城的商业文化传奇。当年百货大楼熙熙攘攘的人流，琳琅满目的商品，早已定格在人们的记忆深处。在安阳人的心目中，它与北京的王府井百货大楼同样气派。

城市需要地标，需要记忆。百货大楼，安阳百姓心中的购物殿堂，它历久弥新，风采依然，延续着厚重的城市记忆。2021年8月，百货大楼入选安阳市第二批历史建筑名录。

64. 人民公园溢童趣

解放大道东端的人民公园筹建于1959年，公园占地18.33公顷，其中水面2公顷。人民公园原址为老城东北的一片低洼湿地，园中的人工湖是当年安阳驻军指战员一锹一锹挖出来的，名为"军民友谊湖"。1965年3月人民公园建成开园，同年举办了大型花展。园内古建园林风格的玉带桥建于1965年，1966年建成两座游泳池。鹿桥、曲桥分别建成于1972年和1979年。1985年，建成一座标准旱冰场。人民公园成为一座集园林艺术、休闲娱乐、科普功能于一体的综合性公园。

公园内辟有游览服务、动物观赏、园容花卉、娱乐游艺4个区域。游览服务区以2公顷湖面为中心，主要景点有湖心亭、竦峙亭、玉带桥、曲桥、鹿桥、云枫桥、长廊、牡丹园等；动物观赏区坐落于公园北部，近年新开辟了熊猫馆；园容花卉区位于公园东南部"香溢寒暑"四季园内，各种花草树木荟萃于此；娱乐游艺区位于公园南部，这里是少年儿童的乐园。

人民公园凝聚了几代人童年的美好记忆。美丽多姿的孔雀、仙

人民公园

欢度六一

公园亭桥

曲桥卧波　　　　　　荷塘听香

柳岸风荷

祖国万岁

秋日红枫

鹤，可爱的长颈鹿、猴子，还有两座大象样式的滑梯，永远也荡不够的秋千，坐不够的转椅。公园西南隅的游泳池是人们消夏的乐园。夏日的夜晚，微风轻拂，公园放映的露天电影也曾"站"无虚席。2005年以前，只有到"六一"儿童节的时候，公园才免费为孩子们开放，孩子们欢快簇拥着鱼贯而入，尽情享受着童年的欢乐。

2005年，人民公园和市区其他几座公园敞开大门，向市民免费开放。晨练、逛公园、跳健身操成为附近居民日常生活的一部分。

65. 新安箱涵立交桥

动工兴建于1968年5月1日的小花园铁路立交桥，就是俗称"中道口立交"的新安街立交桥。这里成为文峰路、一马路与铁西路之间的便捷通道，当年设计为三孔箱涵下穿式立交桥，箱涵长度

新安街立交桥

昔日的铁路平交道口

28 米，中孔机动车道宽 7 米，净高 3.5 米，慢车道宽 2.5 米，净高 2.3 米，两侧坡道各长 106 米。附属工程为桥梁南侧万金渠线 170 米片石铺砌，其中正道线上游 90 米，下游 80 米。1969 年 5 月 3 日，新安街立交桥建成通车，成为安阳市区第一座下穿京广铁路的隧洞式立交桥。

1995 年 6 月 30 日，安阳市"八五"时期重点工程——上跨京广铁路的文峰立交桥建成之前，城区仅有三座下穿式铁路立交桥，沟通城市东西的交通联系。往昔安阳铁西与铁东的城市道路与铁路交会处，均为平交道口。从京汉铁路建成通车到新安街立交桥建成，有着近 80 年历史。平交道口旁边，设有值班房，配备专人值守，火车经过之前，电铃大作，轰轰隆隆的铁轮路障封闭铁路两侧，汽车、马车、自行车、行人纷纷在道口两侧等候。汽笛鸣响，火车减速通过之后，值守的人便吹哨摇旗，警报解除，于是各种车辆、行人鱼贯而过。现今新安街立交桥以东的仓储支线铁路，仍为一处平交道口，只是很少再有列车经过。

2021 年 8 月，新安街立交桥入选安阳市第二批历史建筑名录。

66. 安钢大道立交桥

城北高楼庄京广铁路、安李铁路与安钢大道交会处，是市区东西交通往来的重要枢纽，联系着安钢、电厂、水冶、林县。20世纪70年代初，安阳市被列为开放城市，当年经常有外宾从市区经过这里去林县参观红旗渠，城市的交通流量也在增加，在这里修建一座立交桥已势在必行。

1972年7月1日建成通车的"北立交桥"，俗称"高楼庄地下道"，标准地名为"安钢大道立交桥"，由天津市建筑设计院设计，河南省建七公司承建。施工首先采用重型型钢加固京广铁路，保障列车正常运行，人工挖取土方，然后用成排的油压千斤顶将预制箱涵顶进预定位置，箱涵两端修筑公路引道，修建装饰及配套工程，将铁路平交道口改建为下穿式立交桥。安钢大道立交桥总长度473.6米，主桥长19.1米、宽22.6米，中孔宽9米、高5.66米，边孔各宽5米，采用了三孔整体预制，一次顶进的施工工艺。中孔、边孔安装照明设施，桥梁两端引道的两侧修建了台阶和花坛，桥梁北侧设置泵房抽排桥下雨水。

该座桥梁是当年安阳主城区三座下穿京广铁路立交桥之一，它畅通了铁路东西的交通联系，体现了"实用、经济、美观"的建桥理念。

立交桥东侧街景

京广铁路与安钢大道立交桥

立交桥西侧街景

67. 安阳市相州宾馆

相州宾馆位于安阳老城西北城角处，解放路、西环城路交会处的东南隅。1971年筹建，筹建时名"安阳市服务楼"。1974年6月动工兴建，1975年12月5日竣工试营业，曾用名"安阳市车站旅社"。1976年5月1日更名为"安阳饭店"。1983年7月1日改名为"安阳市相州宾馆"。宾馆主楼建筑地上七层，塔楼八层，地下一层，安装两部电梯，两侧附楼各五层，总建筑面积13714平方米，设有高、中档客房346间，床位1100张。宾馆的附属建筑有新楼、浴池、餐厅、商场、住宿三部（原安阳旅社）、相州酒楼、户外停车场等。

相州宾馆地处安阳城区中心地带，近临工人文化宫、灯光球场、相州商场等商业、文体设施，距安阳火车站、长途汽车站均在

20世纪80年代的相州宾馆

相州宾馆夜景

20 世纪 90 年代的相州宾馆

相州酒楼

500 米之内，位置优越，交通便利。该宾馆由安阳市建筑设计院设计，河南省建七公司承建。建筑风格融汇东西方建筑特色，气势宏伟，引领时代。20 世纪八九十年代，相州宾馆是国家有关部委在安阳召开全国性会议的重要食宿地，多次承办全国大型汽车配件、化工、医药产品交流订货会议。1985 年相州酒楼开业，宾客盈门，成为当年的餐饮名店。20 世纪 90 年代初，曾位列河南省十大商业饭店之一，设计方案入选《河南省建国 35 周年建筑实录》图集。

2018 年 2 月，相州宾馆入选安阳市第一批历史建筑名录。

68. 光与影安阳剧院

安阳剧院位于解放路北关广场西南隅，始建于 1972 年，建成于 1974 年。安阳剧院由安阳市建筑设计院设计，河南省建七公司施工。剧院占地面积 3300 平方米，建筑面积 4667 平方米，是北关的地标建筑之一。

剧院由主体建筑与附属部分组成，主体建筑由宽敞的门厅、多边形观众厅及二层较大的挑台楼座、观众休息厅组成。剧院有乐池、舞台吊杆、升降式银幕、移动式音箱等较为完备的舞台设施。结构设计采用钢筋混凝土排架桩、钢屋架、预应力屋面板，安装中央空调送风系统。观众视线、音响效果、灯光照明、吸音材料、室内外装饰体现了当时先进的工艺水平。剧院共设席位 1425 个，具备接待各种大型文艺演出、放映电影、召开大型会议等功能。附属部分由售票房、化妆室、演员宿舍楼组成。安阳剧院平面设计紧凑、造型美观，设计方案编入《河南省民用建筑实录》。

安阳剧院建成后，曾多次接待中央和地方各主要演出团体，荟萃演艺名人，一直是安阳市的中心剧院。20 世纪 80 年代初，著名

安阳剧院

评书表演艺术家刘兰芳在这里倾情演绎的《岳飞传》，荡气回肠，
余音绕梁，曾引得观者如潮，场场爆满。1999 年 5 月 6 日，纪念
安阳解放 50 周年大型文艺晚会在这里隆重举办。2018 年 2 月，安
阳剧院入选安阳市第一批历史建筑名录。

69. 西华门人民戏院

安阳老城里的西华门街，因地处明代赵王府西门外而得名，是
昔日的文商荟萃之地，民众心目中的文化娱乐中心。20 世纪 80 年
代初，街道北侧的人民大戏院改建为人民剧院，百姓俗称"西华门
戏院"。这里鸣响了半个多世纪的京、豫唱腔和锣鼓弦乐，演绎着

西华门人民大戏院

人民大戏院内景

当年银幕的光影记忆。

西华门戏院的前身是道教"三皇庙"旧址。1930 年在此建成的"民众会场"曾为当时豫北唯一的砖木结构剧场。1940 年，改建的"同乐大戏院"，是城内首座灯光设施齐备的两层楼池座戏院，采用进口的波莱斯放映机放电影。

1952 年底，"同乐大戏院"收归国有，改称"人民大戏院"，来自京城的京剧"四大名旦"都曾献艺于此。百年西华门戏院，还演绎了崔派艺术植根洹水安阳的一段传奇佳话——豫剧表演艺术家崔兰田与安阳老城的不解情缘。

崔兰田，1926 年出生于山东曹县的一个贫苦家庭，年少时学艺于周海水的"太乙班"，历尽世态炎凉、艰辛坎坷。1951 年，她率领"兰光剧社"来到当时只有 9 万人口的安阳古城巡演，西华门街的人民戏院成为戏迷票友瞩目的焦点，一时间万人空巷，轰动古城。出于安阳市政府和民众的盛情挽留，崔兰田和她的剧社从此落脚于安阳。她先后担任安阳市人民豫剧社社长、市豫剧团团长，排演了多部新编古装戏和现代戏，培养了大量戏曲艺术人才。崔派艺术擅演哭戏，她的表演艺术在豫剧界独树一帜，自成一派，代表剧目《秦香莲》《桃花庵》《卖苗郎》《三上轿》被誉为崔派艺术的四大悲剧。这四大悲剧鞭挞丑恶，褒扬善行，荡气回肠，撼人心魄，成为豫剧舞台历久不衰的传统剧目，久远回响于民众的集体记忆中。

崔兰田作为豫剧五大名旦之一，艺术足迹遍布全国 20 多个省、市、自治区，她曾先后 4 次应邀率团进京演出，受到中央领导的亲切接见。她开创的崔派艺术成为河南豫剧的巅峰之作，1994 年荣获"中国豫剧名旦功勋杯"。

发轫于西华门街的人民戏院，植根于豫北安阳这方厚重文化沃土的崔派艺术，深受广大群众喜爱。"三天不吃盐，也要看看崔兰田"

豫剧大师崔兰田

崔兰田（右）赠马琳剧照

豫剧《桃花庵》剧照

"瞧瞧崔兰田的戏,一辈子不生气""看看崔兰田,能活一百年"的
顺口溜儿,在早年的安阳民间广为流传,生动表达了人民群众对崔
派艺术的由衷热爱。

70. 新兴城区话北关

1949年5月6日太阳初升时分,红旗插上安阳城,古城获得
新生。当年由四面城墙内的老城及四关组成的安阳市区呈南北带
状分布,包含城北的安阳桥、飞机场在内,城区面积仅为4.5平方
公里,人口约6万人。洹河以南至北下关一带分布着延年庄、司家
庄、王家庄、安家庄、河渡村、霍家村、胡家庄、豆腐营等村落。

20世纪70年代红旗路街景

北关新兴城区

20 世纪 80 年代的红旗路

中华人民共和国成立后这里成为安阳的新兴城区。1973 年 8 月设置北关区，因位于老城的北关而得名。

　　为纪念安阳解放而命名的解放路，是城区修建的第一条柏油马路。安阳城北门为"拱辰门"，以前的城门外建有瓮城，瓮城的门原为东向。红旗路位于老城正北，旧称"北下关路"，有厉坛、大生禅寺等文化古迹。据《安阳城市建设志》记载："解放前北门直对之北下关，中间被水池、庙宇和民房隔断，走路须绕道半里多。"[①] 1951 年打通了城门外的道路，辟为一条长 120 米的土马路，后经历次改扩建，1958 年命名为红旗路，寓意在总路线、"大跃进"、人民公社三面红旗指引下阔步前进。1960 年铺设为长 1.28 公里、宽 40 米的柏油路。红旗路与老城的南、北大街，南上关、南下关共同构成安阳城区的南北中轴线。

　　北关是中华人民共和国成立后的安阳新兴城区，北关广场又名"红旗广场"，是举行大型集会的场所，北关一带作为安阳的行政区

---

　　① 安阳市城乡建设环境保护局：《安阳市城市建设志》上册，1985 年编印本，第465 页。

曾长达半个多世纪。解放路、红旗路、民主路、自由路、灯塔路、东风路、友谊路、健康路、人民大道、新市民街等街道地名，表现出新中国鲜明的时代特征。胜利路、红星路、爱民路、永安街、团结路等驻军营地周边的街道地名，体现了军民团结的优良传统。城区东北

建设中的紫薇园

部是新建的轻工业区，平原路原名"工农路"，寓意工农团结，城乡结合。一些道路街巷以工业或临近的工厂命名，如纱厂路、豫棉路、纺织南路、机床厂北街、电池厂北路、化工路、林药路、东工路、棉漳路、轻工路等。灯塔路玉雕厂与灯泡厂之间的一条小巷名为"玉灯巷"。

洹河宛若一条银练，连缀起殷墟、袁林、鲸背观澜安阳桥、中国文字博物馆等历史人文景观。北关街道地名隐含城市发展变迁的历史脉络，延续厚重城市记忆。以"盘庚迁殷"命名的盘庚街，之前曾名"轻工路""棉漳路""纸厂路"。邺城遗址地处安阳市区东北部，新建的北外环路命名为"邺城大道"，还有以曹操踞邺所筑铜雀三台命名的"三台街"。安漳大道、洹滨北路、洹滨南路、彰德路等街道地名，寓意漳洹同源，殷邺一体。

第七章

紫薇花开　岁月如歌

改革开放的风潮涌动古都安阳，人们的生活在悄然变化，城市也在更新着容颜。1983年撤地设市形成安阳市行政区划的基础，市区面积247平方公里。殷墟博物苑建成，安阳跻身国家历史文化名城、中国七大古都之列。安阳河裁弯取直，文峰立交桥建成通车。京珠高速公路催生了东南中环，构建起新城框架。

71. 文明大道的变迁

道路是城市的间架，城市路网格局一朝形成，便会千百年传承延续。

文峰、文明、文昌为安阳城区东西走向的"三文"大道，文明大道的变迁蕴含城市的人文记忆。明太祖洪武初年，河朔重镇彰德府由北宋相州城改筑为现今安阳老城的城池范围，护城河以内是9里113步的城墙，城辟四门。护城河以外便是老城的"四关"。文明大道是老城南的一条东西向道路，两处明代城墙、角楼存留至今，成为这条路旁最为久远的地标建筑。这样的街道格局至少延续了600多年，穿越历史，一直走到今天。

文明大道这个地名，原来指称彰德路以西的路段，东起文明大道立交桥与南环城路相连，西至西郊申家岗，长约 7.4 公里，现宽 40 米，始建于 1958 年"大跃进"时期，1960 年命名为"一钢大道"。2003 年区划调整后，城区 58 条道路更名或重新命名，南北方向主次干道为路，东西方向为大道。同时为解决以往城区道路一路多名，"文明大道"便从彰德路一直向东延展，原来的"南环城路""相一路"等老路名退出历史舞台。现今的文明大道自西向东横贯安阳城区，长约 15 公里。它由三段组成，西段华祥路至彰德路，原名先后称作"卫星路""一钢路""一钢大道""文明大道"；中间的一段彰德路至东风路，原名"城南路""南环城路"；东段东风路至平原路原名"相一路"，向东一直通向安阳新区高铁安阳东站。

一条路记录了一座城市的变迁，承载着厚重的城市记忆。20 世纪 50 年代初，拆除了环绕安阳古城四周的城墙，在古城西南隅兴建环城公园。园内修葺了明代城墙、角楼，登上城墙角楼抚今追昔，古城风光一览无余。20 世纪 70 年代初，南环城路两旁是参天的白杨，路虽然窄，但那时的汽车也很少，平板车、畜力车、自行车、行人混行其间，车水马龙。三角湖公园是当年市区仅有的两座公园之一，它门前的道路西行与京广铁路交会。直到今天，人们仍习惯称之为"南道口"或"南立交"。这座桥梁建成于 1982 年 7 月，是城区第三座下穿京广铁路的三孔箱涵式立交桥，标准地名为"文明大道立交桥"。20 世纪 80 年代初的文明大道路面坑洼不平，没有排水设施，雨后的路面积水全靠"边沟排水"。这一时期，安阳铁西的路网框架正在初步构建，全省开展文明城市创建活动。1984 年，该路命名为"文明大道"。当时的起止点为西环城路、相西路（今名彰德路）交会处至梅东路口，其间分布着汽车大修厂、

安阳内衣厂宿舍

昔日南环城路

文明大道立交桥

文明大道立交桥（俗称南立交桥）

三角湖公园

安惠苑小区

文化用品厂、电石厂、制氧厂、铁合金厂、安阳纺织品站、安阳火柴厂、文明小区、果园新村、安钢六区等企业和居住区。

安阳老城的南关，汇聚了南城的人文记忆。这里地处明清彰德府城与宋代相州南城的交会处，从老城的南门"镇远门"出城，便是北塞外街、南上关、南下关、火神庙和井楼桥。历史上这里就是销售粮食、棉花、百姓生活用品、农业生产资料的集市，荟萃了这座城市众多的传统商业和地域文化元素。今彰德路至东风路之间1580米路段，曾经叫作"南环城路"。三角湖公园，第一制药厂，安阳市九中，内衣厂一村、二村，南关操场，南关师专，文化路口，十三医院，第一高中，东南城墙角，还有东边的东官园、常家湾，构成安阳南城的人文风景。

1998年，相一路聂村段拆迁，道路开始向东延伸。2002年，南环城路改扩建，车行道由原来的两车道变成了四车道，架空杆线改为地下电缆，安装了崭新的路灯，滨河游园柳绿花红。此后仅仅

文明大道今貌

十多年，文明大道东段便托起了一个崭新的安东新区，安惠苑、移动公司、图书馆、博物馆、职工文体中心、会展中心、万达广场、报业大厦、新八中等拔地而起。2009 年，文明大道西段实施改扩建，华祥路至安林高速"西连接线"工程当年竣工通车，居住在铁路以西的安阳人，出行时也可以便捷地驶上高速公路了。

72. 输气管道连中安

1983 年 7 月，第一批瓶装石油液化气进入百姓生活。这一年，安阳市工业生产能耗中，原煤占 90%，民用天然气尚属空白。安阳毗邻中原油田，改善能源结构，减少污染排放，发展天然气工程势在必行。1984 年 4 月 16 日，中安输气管道建设项目经河南省计委批复。1985 年建成 5 个储气能力 2000 吨的石油液化气工程，扩充了瓶装液化气的供应范围。

1984 年 4 月 30 日，安阳市天然气公司成立。中安输气管道工程于同年 11 月破土动工，1986 年 9 月 28 日通气试运行成功。该管道工程全长 104.5 公里，使用 377 毫米管径、7 毫米厚双面螺旋焊管，起点位于濮阳市柳屯乡中原油田工业配气站，途经濮阳、清丰、内黄、汤阴、安阳两市 5 县 15 个乡镇、112 个村庄，止于安阳市东风乡置度村南安阳第一配气站。工程概算投资 2313.72 万元，同时建成安阳至濮阳专用电信线路配套工程。中安输气管道工程设计年输气量为近期 1.5 亿立方米，远期 4 亿立方米。1986 年，安阳城区洹北、洹南、清流、红旗路、人民大道区域的 705 户居民开始使用天然气。

到 1995 年底，安阳市天然气管道长度 380 公里，输气能力 3 万立方米／日，全市用气人口 36.7 万人，城市气化率达到 78.1%，高污染、高能耗的燃煤锅炉逐步被清洁能源取代。2009 年，安阳市天

管道施工

燃气调压

输送燃气

然气公司加盟华润集团，成立安阳华润燃气有限公司。到 2020 年末，市区中压天然气管网长度 3475 公里，居民用气规模 87.3 万户，年供气量 5.35 亿立方米，燃气普及率超过 90%。安阳华润燃气发展成为豫北冀南地区最大的天然气运营商。

73. 市树国槐紫薇红

国槐，在安阳城区广为栽植，夏日绿意葱茏，给人们带来清凉。

这个古老的树种属豆科落叶乔木，耐干旱，生长期长，树冠高大，适应安阳的土壤和气候条件。1986 年 11 月 16 日，安阳市七届人大十六次会议选定国槐为安阳市的市树，国槐成为城区行道树的主要树种。

安阳最著名的老槐树，当数老城区文峰北街那棵树龄近 500 年的古槐，它已成为一株名副其实的地标之树。这棵古槐原来位于一处居民院落当中，1999 年修建文峰中路的时候被原址保留。这棵老槐树枯木逢春，枝繁叶茂，浓荫蔽日，与周围街道建筑环境相得益彰，述说着安阳老城悠久的历史。安阳民间广为流传着"问我祖先来何处，山西洪洞大槐树"的民谣，许多老安阳人认为他们的先人来自山西洪洞县，所以有一种浓浓的大槐树情结，对大槐树心存一份敬畏。安阳城区最古老的国槐，要数位于老城内东南营街昼锦堂院内的那两株古槐，树龄超过 900 年，相传为北宋三朝贤相韩琦亲手所植。老城里的仓巷街、新营街、东南营街、唐子巷、西华门街等处，至今生长着许多见证了数百年沧桑的老槐树，它们承载城市生命演进的历程，延续厚重的城市记忆。

紫薇又名"百日红"，属落叶小乔木，夏季繁花盛开，姹紫嫣红。1984 年 2 月 26 日，安阳市六届人大十五次会议选定紫薇为

文峰北街　　　　　　西华门街　　　　　　仓巷街

绿荫环抱文峰塔

安阳市市花紫薇

安阳市市花。位于北关红旗路的紫薇园，1988 年 5 月 1 日建成开园，建筑面积 4800 平方米，游园以琵琶湖为主景，营造假山叠石、蒲公英喷泉景点，栽植紫薇等灌木 17 个品种，宛若一颗璀璨的明珠镶嵌在繁华的闹市。

1988 年紫薇园落成典礼

紫薇园琵琶湖

夏日的紫薇园

74. 扩建安阳火车站

安阳火车站位于市区解放路西端，建成于清光绪三十一年（1905年），原名彰德车站，1909年1月更名为安阳车站，是原京汉铁路进入河南的第一个大站。现为一等站，隶属郑州铁路局安阳车务段管辖。

20世纪50年代
的安阳车站

昔日安阳车站

车站前迎国庆花坊

　　百年安阳火车站具有光荣的革命传统。1921 年 7 月中国共产党在上海成立，同年 11 月中国劳动组合书记部干事、共产党员李震瀛来到安阳车站，组建彰德铁路工人俱乐部，这是中国共产党领导的安阳最早的工人组织。1922 年七八月，中共党员贺道培到安阳领导铁路工人开展斗争，成立中共彰德车站党小组，这是安阳最早的党组织。1923 年 2 月，安阳铁路工人参加了震惊中外的"二七"大罢工。

　　1984 年 1 月，火车站站房扩建工程动工，1985 年 9 月 25 日竣工投入使用。新建安阳车站站房投资 320 万元，为框排架钢筋混凝土结构，建筑面积 6561 平方米，其中两层 4 个候车厅 3043 平方米，软席候车厅 280 平方米，售票厅及售票办公室 470 平方米。配套建设小件物品寄存室、四层办公楼、盥洗室、卫生间、出站廊、走道等设施。车站最高集结人数 2700 人。1988 年 5 月 1 日，火车站广场扩建工程竣工交付使用，广场面积 2.34 万平方米，港湾式公交停车站场实现了人车分流。

安阳火车站夜景

历经百年沧桑岁月，安阳火车站已成为全国铁路交通网尤其是京广铁路干线上的重要枢纽站。

75. 安阳殷墟博物苑

1899 年，安阳城西北的小屯村"一片甲骨惊天下"，揭开了沉睡 3300 多年晚商都城的神秘面纱。殷墟是有历史文献记载，并经考古发掘证实的商代都城遗址。1952 年 11 月 1 日，开国领袖毛泽东视察殷墟遗址。1961 年 3 月 4 日，国务院公布殷墟为全国首批重点文物保护单位。2006 年 7 月 13 日，安阳殷墟跻身世界文化遗产名录。

1987 年 6 月 15 日，位于小屯、花园庄殷墟宫殿宗庙区原址的殷墟博物苑一期工程开工，占地面积 8 公顷，水面 7.07 公顷。殷墟博物苑融合殷商文化遗址、仿殷建筑和园林艺术，大门根据甲骨文"门"字设计，门柱、门额及两侧雕刻殷商图案和夔龙，苑内中部"茅茨土阶""四阿重屋"的仿殷大殿位于宫殿宗庙区南端。西侧为妇好雕像、妇好墓。其他的宫殿基址以柱桩展示轮廓，铺设卵石、米石、草坪作为标记，设置仿殷石人、龟、象、鸟等雕像，再现殷商王宫殿堂宗庙的恢宏布局与建筑风貌。

中华人民共和国国务院
公布全国重点文物保护单位
安阳殷墟示意图

殷墟保护范围示意图（1961 年）

安阳殷墟博物苑

1988年10月，中国古都学会第六次年会在安阳召开

殷墟博物苑建设历时75天，1987年8月30日建成，9月10日举行了竣工剪彩仪式。同一天在这里召开的中国殷商文化国际研讨会，引起海内外广泛关注。灿烂的殷商文明以文字、青铜器、都市著称于世，使中国"信史"的年代上溯近千年。甲骨文作为汉字的雏形，维系着中华文明的血脉。殷墟的保护利用为传承中华文明、振兴古都安阳发挥了重要作用。

1986年12月20日，国务院公布安阳市为第二批国家历史文化名城。1988年10月15日，中国古都学会第六届年会宣布安阳跻身中国七大古都之列。1990年10月，举办了首届中国安阳殷商文化节。

76. 仿古翻新北大街

安阳老城的南北大街是一条繁华的商业街道。清代时初名"兴隆街"，后改名"鼓楼前街"和"鼓楼后街"，民国时期又分别改为

"中山北街"和"中山南街"。街道全长1563米,宽7—8米。1987
年,南北大街两旁共开设大小商业店铺322家。

　　1987年,安阳市决定聚集社会资金,仿古翻新,分期分段改
造南北大街,改变其破旧落后的面貌。北大街为第一期改造工程,
预计投资3000万元,由中房安阳公司负责改造工程的规划、设计
和施工组织,力争半年完工,此项工程列入市政府1988年工作目
标。一场规模空前的老城拆迁改造拉开序幕。

　　1988年春的北大街改造,改造范围北起北门"拱辰门",南至
钟楼以南,全长477米,拆迁范围宽60米,占地约3公顷,搬迁
居民267户。拆除沿街清末民国至新中国成立初期建造的老旧商业
铺面126处,建筑面积2.44万平方米。按照"既体现安阳古城风
姿,又适应现代社会及经济发展需要"的原则,委托天津大学建筑
系规划设计。改造后的北大街,复建了钟楼、郭朴祠,以仿古建筑
形式恢复了"德聚成"中药铺、"北锦泰"酱菜园、"妙真饭庄"等
老字号。新建商业建筑主体采用钢筋混凝土框架结构,在屋顶、檐
口采取仿古手法,室内外装修注重适应现代商业经营需求。

　　北大街改造于1988
年3月18日动迁,5月
1日破土动工,工程由
15个建筑队伍同时施
工,当年10月全面竣
工。街道由原来的8米
拓宽至12米,街道两
旁建成造型各异的楼房
20幢,这些楼房以两层
为主,一、三层搭配,

1988年北大街改造一期工程开工仪式

钟楼

改造后的北大街

北大街改造工程竣工仪式

俯瞰北大街

郭朴祠

北大街之夜

局部四层，建筑面积共 2.74 万平方米。为体现平等竞争，1988 年
10 月 29 日至 11 月 1 日，北大街 183 套沿街新建营业房举办了 6 场
拍卖会，取得较好经济收益。1988 年 11 月 16 日，举行了北大街改
造工程竣工剪彩仪式。

77. 邺下胜境话洹园

"剪取洹河一弯水，画成园景四季春。"

洹园位于安阳城区北部波光潋滟的洹水之滨，西至京广铁路，
北与洹河相接，依托自然山水而建，登临宿云阁尽览城市风光。

1984 年 1 月 19 日，安阳市政府决定在郭家湾洹河畔兴建洹水
公园。1991 年实施军民共建安阳河治理一期工程，驻安部队投入
大量人力清理河道。1992 年 4 月 13 日，历时 6 个多月的安阳河裁
弯取直工程破堰通水，古老的安阳河改变了容颜，从新辟河道顺
流而下。其南侧的郭家湾 U 字形裁弯区域，形成了烟波浩渺、郁
郁葱葱的邺下胜境——洹园。2000 年底，昔日以从事洹河航运而

郭家湾旧影像

闻名的郭家湾村完成了整体搬迁。1992 年 9 月底，洹园北门与纱厂路之间的郭家湾三孔双曲拱桥建成通车，桥梁全长 102.1 米，宽 10.7 米，成为洹上一景。1992 年 12 月，东风桥的建成标志着安阳河治理一期工程告竣。洹园于 1993 年建成开放，2001 年扩建，2005 年向公众免费开放。公园占地面积 32 公顷，绿地面积 19.5 公顷，水面面积 9 公顷。园内建有"临川汲古""荷塘听香""高台览胜""幽谷烟竹""星岛鱼乐""平台隐秀"6 处自然景区，荟萃

驻军指战员奋战安阳河

河道裁弯取直工程

洹园鸟瞰

经过治理的安阳河市区段

洹园景色

洹园大门

"珪塘桥""钓台""会盟亭""拜相台"4处历史文化景观。洹园成为一座集自然山水园林、历史文化风情、市民观光休闲于一身的公园。

今天的洹园水光潋滟，飞瀑流泉，宿云高阁，钓台犹存，与洹河历史文化风光带浑然一体，成为城区北部的滨河胜景。

78. 飞虹文峰立交桥

建设中的文峰立交桥

施工期间京广铁路畅行无阻

京广铁路自北向南纵贯安阳市区，将城区分为铁东、铁西两个区域。1994年7月26日，安阳市首座跨京广铁路立交桥破土动工，这便是文峰立交桥。

文峰立交桥东起新兴街，西至铁西路，全长728.23米，总投资5400万元。主桥为钢管混凝土系杆拱肋结构，一跨138米，净跨135米，跨越14条铁路，是京广铁路线上单孔跨度最大的公路立交桥，由郑州铁路工程总公司承建。两道弧长150米的主桥拱肋，分别由4根钢管弦杆与钢管腹杆组成重432.7

1995年文峰立交桥建成通车仪式

吨的空间桁架，主桥两个主墩下面有深31米、直径1.25米的灌注摩擦桩基46根。桥下净空高度为7米，由铁路钢轨至拱顶的设计高度为36.33米。两端引桥为简支梁结构，共21跨，各长363.7米。桥梁承台上、下为桩基和墩桩，两端引道各长226.53米。该桥梁桥面宽度31米，其中机动车道宽14米，非机动车道各宽5米，机非隔离带各宽2米，人行道各宽1.5米，桥梁纵坡为3.04%。引桥工程于1994年3月17日开工建设，安阳市市政工程处承建。1995年2月15日前后，进行了中国建桥史上首例竖转、平转同时展开的施工。1995年6月30日，文峰立交桥全面建成通车。

文峰立交桥被誉为安阳市"桥中之冠"，是安阳市国民经济和社会发展"八五"计划期间的重点建设项目，它连通了铁东与铁西，成为当年安阳市政建设史上规模和投资空前的建桥工程。

一桥穹起连东西

文峰立交桥夜景

79. 东南中环新框架

1998年8月13日，安阳市城市道路建设史上规模最大、投资最多的东南中环道路工程全线建成通车。

"东南中环"是20多年以前道路建设时期使用的路名，当年曾专设"安阳市中环道路建设工程指挥部"负责施工组织管理。东南中环路北起人民大道齿轮厂，经安阳县电厂，折向西与相东路（今东风路）、相州路、相西路（今彰德路）交会，穿越南中环铁路立交桥，西至铁西路，道路全长9.45公里，规划红线宽60米。南北向"东中环路"为今中华路，东西向"南中环路"为今文昌大道，当年的铁西路即为107国道市区过境线。这两条道路构成京港澳高速公路与107国道之间的连接线。该工程于1995年6月开工建设，1998年8月13日竣工通车，堪称安阳城建史上的里程碑，也是安

东中环路（中华路）

阳东区建设的先声。东南中环路当年仅建成双向六车道，机动车道宽 23.5 米，余宽以绿化控制。东中环路从此取代曙光路，成为当时市区建成区的东边界，道路以东还是大片的村庄和农田。

1998 年 8 月 14 日，笔者在《安阳日报》头版头条刊发了《东南中环路全线贯通》，这篇报道的结尾处写道："东南中环路的贯通，将从根本上缓解安阳市东西过境车辆对市区交通的压力，充分发挥京珠高速公路的作用，拉大城市框架，完善城市道路网络。作为横贯市区东南的交通大动脉，它对带动安阳经济社会发展具有极为深远的意义。"

2000 年 12 月 19 日，安阳市东区建设征地、进地仪式举行，东区建设拉开了帷幕。

南中环路（文昌大道）

80. 文峰中路的贯通

巍巍文峰塔矗立千年安阳城，横跨城区东西的交通主动脉文峰大道因此得名。

20世纪90年代初的"文峰路"，起点自老城西营街口，向西止于京广铁路东侧一马路口，长度还不足1公里。护城河以内的"文峰路小学"近临小嘴坑，门前的土路坑洼不平。1994年新建市委招待所东楼，文峰塔被绿树婆娑掩映的街巷民居围合。文峰路向西越过西环城路，八中对面是金钟烟厂老家属院，街道两旁的"文峰路集贸市场"人流熙攘，叫卖声此起彼伏。

1995年6月30日，历时两年半建设，安阳城区第一座上跨京广铁路立交桥——文峰立交桥建成通车，始与20世纪80年代初具规模的铁西路网联系贯通。文峰大道西段道路两侧的雪松郁郁葱

施工中的文峰中路

安阳市原第二中学

葱，起初西至梅东路，2003 年底延伸至华祥路。

　　1999 年时逢安阳解放 50 周年，殷墟甲骨文发现和研究 100 周年。同年 5 月 22 日老城改造建设工程启动，穿越安阳老城的文峰中路进入实施阶段。文峰中路西起西环城路（今彰德路），东至东环城路（今东风路），全长 1680 米。文峰塔至头道街之间为南、北两条宽 25 米的环形道路，环路间距 125 米，修建车行道 14 米，两侧人行道各宽 5.5 米，市政设施同步配套建设。环内西端文峰塔周围建成游园绿地。东、西两端道路各 200 米，规划红线宽 50 米；同时改造环内中山街地块，建设文峰步行街。为了形成街景和控制商业用地，环状道路南侧控制宽度 12 米，北侧控制宽度 15 米。文峰中路一期工程总占地面积 45.93 万平方米，建设用地面积 17.82 公顷（267 亩），工程概算投资 1.77 亿元。

　　文峰中路 1999 年 10 月 15 日动迁，一期工程搬迁老城居民 1827 户，单位 44 家，拆迁房屋面积 14.5 万平方米，同年 12 月 1 日转入地下管线施工，2000年4月30日开始铺设沥青路面。2000年春，文峰中路二、三期工程启动。二期工程为环内中山街以西地段，共搬迁居民248户，单位4家。三期工程为唐子巷以西，西钟楼巷以南，学巷街以东地段，搬迁居民114户。文峰中路二、三期工程，共拆迁房屋面积2.4万平方米。老城居民安置小区为安居园、春华苑、世纪花园、同乐花园。

2000年5月12日，东环城路拓宽改造工程开始施工。2000年6月30日，文峰中路、东环城路、西环城路、彰德路、人民大道裁弯取直，"五七"桥拓宽改造工程竣工通车。文峰中路两侧环路命名为"文峰北街""文峰南街"。老城以东的文峰东路原为东环城路（今东风路）以东的工厂和居住区，距中华路2192米，于2001

文峰中路建成通车（2000年6月）

文峰大道东段

年 10 月 30 日建成通车。2002 年实施东区路网建设，文峰东路向东延伸，2003 年末修建至东外环路（今光明路）。同年，连同铁西的道路一并被命名为"文峰大道"。

2013 年 8 月，跨越京港澳高速的文峰东立交桥建成通车，文峰大道连接高速公路以东的新区。新区规划总占地面积达 226 平方公里，初名安阳县新城，先后改名为"安东新区""安阳新区""安阳新东产业聚集区"，现为安阳县（城乡一体化示范区）。

第八章

洹水安阳　风采绽放

时光进入新世纪，安阳城区版图东扩南延。殷墟入选世界文化遗产名录，中国文字博物馆建成，京广高铁纵贯南北，城市水系、道路、绿化、居住小区全面提质。绿色发展，生态优先。古城保护复兴彰显安阳国家历史文化名城厚重文化魅力。

81. 南北通衢中华路

2012年"五一"前夕，一座跨越洹河的新桥——中华路桥竣工通车。中华路桥全长123米，宽48米。中华路即将通达冀豫省界漳河，南连千年古县、岳飞故里汤阴，成为一条纵贯南北的通衢大道。

中华路的修建缘起于京港澳高速公路，是与之相配套的东南中环道路工程，最初设计功能为高速公路与107国道的市区连接线。东中环路就是今天的中华路，南中环路为文昌大道。东南中环道路全长9.45公里，规划红线宽60米，于1995年6月开工建设，东中环路（中华路）修建时，经过聂村大片的莲藕坑塘，施工中采用了软基片石基层施工工艺。道路沿线的安阳县党校、县武装部大楼采用了爆破拆除。经过市政建设者的艰辛努力，1998年8月13日东南中环路，也就是今天的中华路、文昌大道竣工通车。

2001年10月30日，文峰东路建成通车，拉开了东中环路（中华路）以东东区建设的序幕。2003年，东中环路正式命名为"中华路"，同年4月1日至8月20日，中华路人民大道至文昌大道路段进行了高标准改扩建，遍布游园、绿地，入夜的中华路流光溢彩，灿若星河，成为一条亮丽的景观大道、城区路网新的南北轴线。

经近20年建设发展，中华路南延北伸，周边汇聚了安阳市党政综合办公楼、市民文化广场、中国文字博物馆、易园、市图书

中华路今貌

馆、市博物馆，还有会展中心、市职工文体中心、五一广场、万达广场、义乌国际商贸城、CBD 公园（暂用名）、安阳文体中心、安阳世贸大厦等众多新建筑。向南穿越南林高速公路，连缀起新兴的安汤新城。

中华路街景

中华路在汤阴县境内全长 19.4 公里，宽 60 米。2014 年 7 月，中华路与晋豫鲁铁路公路跨线工程竣工，中华路南延鹤壁全线建成通车。未来的中华路将成为连接邯郸、安阳、鹤壁三市，长约 70 公里的城际快速通道，为区域经济发展增添新的活力。

82. 殷商雄风绽广场

市民文化广场位于文峰大道安阳市党政综合楼南侧，中华路、永明路之间。始建于 2003 年，占地面积 19.3 公顷，广场中间地坪为太极图案，两侧照明设施嵌入殷商文化元素。2011 年在广场中部建成 2.3 公顷水面和音乐喷泉。广场两旁绿树成荫、植物丰茂，设置休闲步道、健身器材、购物商超等设施。

安阳市博物馆、图书馆建筑面积 4 万平方米，南侧为两馆南广场，占地面积 6.8 公顷，建成于 2008 年 12 月 25 日。两馆北部矗立着巨型青铜仿品"后母戊鼎"。市民文化广场地处东区中轴线中部，每逢大型节庆活动，新春戏曲、"非遗"、民俗文化展示在这里举办。

城市雕塑《商颂》

国之重器后母戊鼎（仿品）

玄鸟生商

市民文化广场

2020 年国庆前夕，大型城市雕塑《商颂》在市民文化广场落成，该雕塑高 2.5 米，长 80 米，由汉白玉雕刻组合而成。这是一座历史里程碑式纪念性艺术浮雕，展示以"都市""文字""青铜器"三要素为特征的殷商历史文化。其叙事结构由玄鸟生商、王亥服牛、上甲兴商、成汤灭夏、桑林祷雨、伊尹辅政、盘庚迁殷、武丁中兴、武乙射天、商周更替 10 组构成。恢宏壮阔、高潮迭起的殷商历史画卷，通过雕塑艺术的形式得以充分彰显，延续城市历史记忆，提升城市文化形象。

83. 易经文化扮易园

易园位于安阳市城区东部，安阳市党政综合办公楼北侧的南北轴线。公园西临中华路，东接永明路，南至紫薇大道，北临灯塔路，占地面积 32.08 公顷，其中"太极湖"水面 2.9 公顷，道路广场 5.5 公顷，绿地面积 22.8 公顷，是一座以植物景观为主题的生态文化休憩公园。

变易和发展是贯穿易经文化的思想主线，易园之"易"即变易之"易"。易园由天津园林规划设计院设计，规划布局分为 4 个景区："大自然情思"是沿中轴线分布的自然景观造型，"满天星"为文化中心、演艺广场等文化休闲活动区，"红蜻蜓"景区是少年儿童的活动场地，"绿天使"主要为中老年休闲健身服务。4 个景区共有 10 处功能性建筑和 22 个景点，园中植物品类繁多，绿化色彩丰富，园路曲径通幽。晨昏交替中的太极湖微波荡漾，鱼鸟翔集，气象万千，诠释着人与自然相近、相亲、相融的和谐美感。园内的主水面太极湖将古老的周易文化与现代园林景观有机融合，让游人体味到易经文化万物发展变化的博大思想蕴涵。

鸟瞰易园

2003 年 9 月 12 日,易园开工建设,项目概算总投资 1.53 亿元,2005 年 9 月 29 日建成开园。

84. 集中供暖进万家

安阳城市集中供暖起步于 1986 年 6 月成立的车站联片供热工程筹建处,1989 年 12 月投产试运行,供安阳车站及周边 15 家单位的生产、生活采暖用热。

2001 年 9 月,建立"厂网分离"集中供热管理体制。2004 年 12 月 21 日,安阳益和热力有限责任公司挂牌成立。2007 年末,市区有 3 家热源厂,为灵锐热电有限公司(安阳热电厂)、广源能源公司(安阳县电厂)、源昌供热工程处(车站联片供热),总供热面积 440 万平方米,用热缺口面积为 522 万平方米,全市供热普及率仅 37%,既有热源厂已不能满足城市用热需求。按照国家节能减排要求,上述 3 家小型热源厂均属于关停项目。大唐安阳热电有限责任公司成为 2008 年冬季主要供暖热源,2008 年 8 月 29 日 2×30 兆瓦热电联产 1 号机组通过 168 小时满负荷试运行，2 号机组于当年 12 月投产运行。

2008 年 5 月 8 日，热力管网扩建一期工程开工建设，即大唐安阳电厂 2×30 兆瓦热电联产机组外网配套工程，预计总供热面积达 1115 万平方米。一期工程新建主管网 2×17.95 公里，分支管网 2×21.7 公里，新建铁西加压泵站一座，总投资 2.17 亿元。该管网工程从大唐安阳电厂起，经华祥路、文明大道、商都路、文昌大道、中华路，至中华路文明大道路口与既有管网对接，覆盖铁西区、开发区和铁东区用户，形成新的集中供热格局。2008 年 10 月市区供热管网总长 205 公里，供热入网面积 598 万平方米，居民用户 4.8 万户，单位及工业用户 160 余户，供热普及率 38%。热力管网扩建一期工程于当年 10 月 23 日全线贯通，11 月 14 日在大唐安阳电厂举行了投运剪彩仪式。

经过 30 多年建设发展，截至 2021 年初，全市供热入网面积

热力管网施工

热源厂管网开工

达 4818 万平方米，热力管网总长度 603 公里，采暖用户 38.4 万户，居民小区建成热力交换站 1040 座，供热普及率达 92%，市区建成区内永久性建筑已基本实现供暖 100% 全覆盖。2021 年 6 月 15 日，重点民生工程鹤壁电厂"引热入安"长输供热管网项目开工建设，项目设计供热能力 1360 兆瓦，预计增加供热面积 1400 万平方米，2021 年采暖季并网试运行，推动清洁低碳能源转型，满足城市发展用热需求。

85. 中国文字博物馆

2019 年 11 月 1 日，习近平总书记在《致甲骨文发现和研究 120 周年的贺信》中作出重要指示："殷墟甲骨文的重大发现在中华文明乃至人类文明发展史上具有划时代的意义。甲骨文是迄今为止中国发现的年代最早的成熟文字系统，是汉字的源头和中华优秀传统文化的根脉，值得倍加珍视、更好传承发展。"

中国文字博物馆于 2007 年 11 月 29 日举行开工仪式，2009 年 11 月 16 日建成开馆。一期工程占地 5.4 公顷，主体场馆建筑面积 2.27 万平方米。这是中国唯一一座以文字为主题的国家一级博物馆，该馆是国务院批准建设的国家"十一五"时期重大文化工程。中国文字博物馆融文物保护、陈列展示、科学研究为一体，馆藏文物及藏品 2.8 万余件，涉及甲骨文、金文、简牍和少数民族文字。博物馆运用史诗化艺术手法、现代化技术手段，反映中国文字发展史的基本脉络，阐述其历史源流和现代价值，是一座让世人领略中华文明的景观式文字殿堂。

开馆 10 余年来，中国文字博物馆先后举办"故宫博物院院藏中国历代书法展"、"中国少数民族文字文物文化系列展"、"四堂

中国文字博物馆

杯"书法大展等特别展览。"汉字"巡展共举办 130 余场,已走过国内 17 个省(市、自治区)、26 个国家和中国台湾、香港、澳门地区。举办"中国文字发展论坛""中国文字·书法论坛"等学术研讨活动,出版了《文字渊薮》《甲骨文论丛》等数十种学术专著,举办了四届"文字文化创意产品设计大赛",成为汉字文化展示研究中心、国际性文化交流中心。

2020 年 5 月,中国文字博物馆续建工程和汉字公园项目开工建设。续建工程规划占地面积约 11.67 公顷,主要建筑包括文字文化研究交流中心、文字文化演绎体验中心等,建筑面积 6.83 万平方米,将满足博物馆学术研究、文化交流、教育培训等功能。汉字公园项目总用地面积 14.24 公顷,建设内容包括园林景观及庭院工程等,充分发挥文字主题创意思维,构建以汉字为主题的公园,将成为古都安阳城市文化的一张新名片。

86. 高铁驰骋安阳东

2009 年 7 月 2 日，安阳—北京西 D137/D138 动车组从百年安阳火车站、北京西站双向始发，这一历史时刻标志着安阳迈入高铁时代。

2012 年 12 月 26 日，京广高铁石家庄—武汉全线建成通车，首列风驰电掣的"和谐"号高速列车经停高铁安阳东站。

石武铁路客运专线是国家"四纵四横"铁路客运专线规划的组成部分。高铁安阳东站为京广铁路客运专线安阳东火车站，位于京港澳高速公路以东 2 公里处的安阳新区，有着河南北大门的称誉。该车站建成之初，即为原郑州铁路局管辖内除郑州东站外唯一有始发列车的高铁站。

安阳东站由北京建筑设计研究院设计，站场坐东朝西，建筑面积 1.6 万平方米。站台设在 9.72 米高的夯实高台上。站前广场占地面积 20 公顷，北侧为公交、出租车停车场，南侧为社会车辆停车

高铁安阳东站

场和快速通道，预留有轻轨空间。安阳东站站房中部为两层候车大厅，共设 1428 个候车座席，可容纳旅客 2500 人。2018 年末，车站日办理站停列车 103 列，日均发送旅客 6000 人次。客运高峰时段，单日最高发送旅客 13964 人次。

安阳东站主站房的外观，仿自世界青铜器之冠——后母戊大方鼎，并饰以殷商时代的回环夔形纹，呈现安阳厚重历史文化底蕴。2016 年 1 月，高铁安阳东站站前、站东的南北向道路更名为"铜雀路""金凤路"，塑造殷邺文化源远流长的城市文化标签。

87. 八纵六横面貌新

城市道路是城市保持活力的"血脉"，道路通畅与否关乎城市的健康和颜值。

2016 年 9 月底，安阳市对光明路、中华路、东工路、东风路、红旗路、彰德路、民主路、铁西路和纱厂路、安漳大道、解放大道、文明大道、盘庚街、文源街"八纵六横"等 14 条城区主干道进行集中整治和改造提升，为期一个半月。为确保工程在 11 月 15 日前如期完工，专门成立了"八纵六横"道路改造提升指挥部。安阳市住建部门层层分解任务，倒排工期，周密组织实施。为减少道路施工给市民出行带来的不便，施工期间采取半幅施工、错峰施工、交警现场疏导等措施。在电力、通信等线路入地施工环节，尽量做到不影响市民正常使用。

2016 年 11 月 15 日，随着中华路与文峰大道路口分流岛建成投入使用，"八纵六横"城区道路改造提升工程全面完工。整修道路总长度 36.7 公里，施工面积达 96.8 万平方米，拆除线杆约 200 根。多处造型别致的交通分流岛、26 个带有"文字符号"的公交港湾

道路提升工程施工中

更换公交站亭

和智能候车亭，让安阳文化元素在城市的街道上流淌，彰显着这座城市古朴厚重的历史文化底蕴。

截至 2021 年 7 月，安阳市区人民大道等 38 个主要路口分流岛投入使用，改善了道路通行条件。更新城市公交，改造沿街立面，清理违法建筑，整治"城市蛛网"，规范户外广告，安阳城区整体环境面貌显著提升。

88. 亮丽的人民大道

人民大道是一条贯穿城市东西的交通主干道，平原路以东原名"安楚路"，通往内黄楚旺镇，西至林州市。1998 年国庆前夕，平原路口交通环岛红旗渠广场建成，从这里到京珠高速公路安阳站 3.68 公里路段拓宽为红线宽 66 米，双向八车道。而平原路以西至彰德路修建于 20 世纪 70 年代中期，道路宽度仅为 35 米，长期以来成为城市交通的"瓶颈"。

2017 年 3 月，人民大道西段拓宽改造工程开工建设，自平原路至彰德路 2.98 公里路段向北侧拓宽 25 米，改建后道路宽度为 60 米。沿途安阳市煤炭公司、石油公司、液压件厂、轻工机械厂、六中校门、保险公司、工商银行、河南省建七公司等 23 家单位、

昔日安楚路

改造之前的人民大道

红旗渠广场

人民大道原二旅社　　　　改造之后的人民大道

企业，325 户居民动迁，拆迁面积 9.75 万平方米。2017 年 5 月，美丽华广场施工工地热火朝天，6 月底北半幅通车，转入南半幅施工。2017 年秋季实施人民大道游园绿带、中华路口分流岛建设。新建道路采用港湾式公交停靠站。由于道路北侧原来的行道树占用快车道位置，2018 年 3 月 10 日至 3 月 30 日，301 株树龄 20—40 年的法桐移植到道路北侧新建机非隔离带内，移植成活率达到 100%。2018 年 8 月，红旗渠广场完成其 20 年历史使命，改造为通行顺畅的红绿灯交通分流岛。

2018 年 9 月 30 日，人民大道西段（平原路至彰德路）拓宽改造工程如期竣工通车。宽阔亮丽的双向八车道加上人民大道绿化带，使道路通行更加顺畅，有效缓解了主城区车辆拥堵状况。新建道路中间隔离带、机非隔离带内栽植的红叶石楠、金叶女贞、紫薇、高秆月季扮靓市容市貌，提升城市颜值。

89. 水清岸绿万金渠

洹河是安阳的母亲河，润泽这一方神奇的沃土。唐高宗咸亨三年（672 年），相州刺史李景发动民力在洹河上游开凿高平渠，自元代起改名为"万金渠"。千百年来，它成为流淌在城市肌体上的血脉，福泽后世，拱卫着安阳城，灌溉城外万亩平畴。

城市水系治理是生态文明建设、绿色发展的时代召唤。2016年 5 月 24 日，安阳市成功入选河南省海绵城市试点城市。从 2017年 5 月起，环绕安阳老城 6.3 公里的护城河，中心城区的洪河，茶店坡河，铁西排洪沟，安丰沟，御路沟，邱家沟，婴儿沟，聂村沟，南、北万金渠等 12 条河渠水质治理工程启动，清理河道水面垃圾，消除污水直排，实行雨污分流。仅万金渠总干渠沿线就铺设

清波绕城　　　　　　　　　　　河道清淤

污水截流管道 14.53 公里，封堵各类排污口 1941 个，新建污水收水井 540 座，城市水系治理初显成效。安阳老城内 26 条街道实行雨污分流，污水接入市政污水管网。老城区 7 个坑塘实施清淤疏浚、引清截污、与护城河水系相贯通，建泵站随时为坑塘换清水。2017 年 10 月，老城后仓坑重现柳岸风荷、锦鳞戏水的景象。东、西褡裢坑栽植睡莲、芦苇，草长莺飞，波光粼粼，映衬洹河塔影，老城坑塘水系恢复自然生态。

后仓坑夜景

经过治理的城市水系

2019 年春，南万金渠平原路至光明路 4.2 公里渠线实施生态修复，形成 22.83 公顷的生态景观廊道，CBD 公园（暂用名）200 亩水面波光倒映新城入画，水清岸绿纸鸢迎风，营造四季景观海绵工程，成为以水润城，以绿荫城，人与自然和谐相生的范例。经过 5 年城市水系治理，初步构建城区"河畅、湖清、水净、岸绿、景美"的城市景观水系。

90. 曹操高陵入国保

汉献帝建安二十五年（220 年）正月庚子，一代枭雄曹操病逝于洛阳，二月丁卯归葬邺西高陵。高陵位于"西门豹祠西原上"[①]，自北宋以后，曹操高陵的确切方位渐为历史的云烟所笼盖，成为千古之谜。

2009 年 12 月 27 日，河南省文物局在北京召开新闻发布会，曹操高陵在安阳得到考古确认。河南省文物考古研究所在安阳县安丰乡抢救性发掘的一座东汉大墓，经考古研究认定为历史文献中记载的魏武王曹操高陵。2010 年 6 月 11 日，曹操高陵入选"2009 年中国考古十大新发现"。2013 年 5 月，国务院公布安阳高陵为第七批

---

① ［晋］陈寿：《三国志》，卷一，《武帝纪》。

曹操高陵位置示意图

《鲁潜墓志》拓本

高陵结构 　　　　　　　　高陵墓道

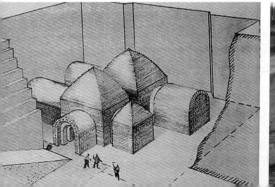

高陵博物馆施工现场

全国重点文物保护单位。

曹操与三国的故事可谓家喻户晓，影响深远。曹操高陵文物保护与展示工程是河南省重点项目，于2018年2月8日开工建设。项目占地32.72公顷，其中保护展示主体工程建筑面积3.25万平方米，项目一期由遗址博物馆、遗址展厅、能源中心组成。由于遗址展厅施工范围内的土体均为文物保护层，遗址的正上方设计为120米×140米大跨度巨型钢结构屋顶，施工采用上海宝冶集团创新研发的"巨型桁架＋双滑道高空累积移滑"工艺，钢结构总重量达5300吨，以确保文物本体安全。这在国内文保界尚属首次，达到当今国际先进水平。

项目主体工程2020年7月基本建成，进入文物布展阶段。到2022年9月建成开馆。一座恢宏的曹操高陵博物馆即将呈现在世人面前，带给观众一场生动的三国文化之旅。它将成为观赏、研究曹魏三国文化及汉魏历史的重要平台，实现与世界文化遗产殷墟大遗址保护的联动发展，共同营造"千年帝都、殷邺竞辉"的安阳文旅新高地。

91. 保护复兴彰德城

殷都、邺都、明清彰德府古城跨越3000多年历史时空，是城市文化的根脉，也是安阳"古都""名城"的核心文化底蕴。守护好城市历史文化遗产，保护复兴安阳古城蓄势待发，正当其时。

康乐园水榭

西华门酒馆

县前街开街盛况

雪夜县前街

2015 年 11 月，政协安阳市委员会经过广泛深入调研，提出安阳古城保护建设建议案，得到中共安阳市委、安阳市政府的高度重视。2016 年 3 月，市委、市政府委托北京清华同衡规划设计团队踏勘、编制《安阳古城保护整治复兴详细规划》《安阳古城历史文化街区保护规划》《安阳古城基础设施专项规划》等一系列规划设计方案。2018 年 7 月 19 日，河南省人民政府发布河南省首批 15 个历史文化街区名单，安阳老城仓巷街、城隍庙—高阁寺、西大街 3 个历史文化街区名列其中。

2018 年 8 月，仓巷街保护修复一期工程启动，秉持"修旧如旧、循序渐进、有机更新、延续文脉"理念，发掘粮仓文化、传统

县前街南口

崔派艺术有传人

民居、民俗风情、北宋州署园池等历史文化内涵，营造古朴典雅的历史街区氛围。2019年春节惊艳亮相，成为"新春安阳网红街"。2019—2020年持续进行西大街、城隍庙—高阁寺历史文化街区保护修复，2021年新春，县前街、西华门街、神路街、鼓楼东街亮丽开街。东南城墙角楼重现"魁星取水"胜景。截至2021年4月，老城内共保护修缮116处传统民居院落，面积3.55万平方米，彰显安阳国家历史文化名城的独特文化魅力。2021年4月17日，河南省历史文化名城保护会议在安阳召开。

传统文化与传统建筑深度融合，更新与利用并举，保护与复兴同行。安阳古城保护整治复兴注重改善人居环境，配套基础设施，

西华门同乐游园

长度 9.28 公里的 26 条老城街道新建水、电、气、暖地下管网，铺设雨污分流管道 27.9 公里，地埋电缆 23.96 公里，通信管线 59.1 公里，建污水收集泵站两座，老城区坑塘水系水清岸绿，恢复自然生态。仓巷街三期、东南营片区、褡裢坑片区、南护城河整治即将开启，古韵生香、文商兴旺的安阳古城正在逐步迈向繁荣复兴。

92. 历史建筑得传承

悠久历史孕育丰厚城市文化，古都安阳堪称一座没有围墙的建筑文化博物馆。漫步安阳古城的街巷，不同时期、不同类型、不同风格样式的历史建筑散落其间，星罗棋布。从 2017 年起，经过调研排查，确定城区 69 处历史建筑预备清单，对体现其核心价值的外观、结构、构件等进行重点保护，以期保护历史文化遗产，传承厚重城市记忆。

2018 年 2 月 7 日，安阳市公布第一批 9 处历史建筑，安阳剧院、相州宾馆、太行宾馆、市一中校史馆、市肿瘤医院门诊楼、豫北水利勘察设计院办公楼、市建工集团办公楼、市公安局 4 号楼、人民公园入选。2019 年 7 月 2 日，安阳市入选河南省历史建筑保护利用试点城市。2021 年 8 月 3 日，安阳市公布第二批 15 处历史建筑（安政文〔2021〕52 号），"环城公园"方塔、豫北纱厂光荣塔、鼓楼电影院北门、内衣厂大门、金钟烟厂大门、珪塘桥、五七桥、新安街立交桥、东钟楼巷染料铺旧址、安阳市百货大楼、南门外红五星楼房、东大街食堂、北关环卫处清洁站、鼓楼广场工商银行、鱼市街粮店名列其中。后续的第三批历史建筑将侧重于老城区传统民居建筑，调查认定正在实施，与安阳古城保护整治复兴、历史文化街区保护修缮同步进行，相得益彰。

2020年9月启动的广益佰年考古文旅小镇建设项目，占地16.7公顷，该项目为殷墟国家考古遗址公园的配套服务项目，它活化利用历史建筑和工业遗产，在保护原有外观风貌的基础上，通过内部改建、添加设施等方式，构建集考古研学、遗址展示、时尚街区、民宿酒店、休闲娱乐为一体的工业遗址文旅小镇，适应现代文旅业态需求。

历史建筑是城市中弥足珍贵的文化资源。要坚持以用促保，让历史建筑遗产在有效利用中成为城市的特色标识、公众的时代记忆，让历史文化与现代生活融为一体，永续传承。

鼓楼影院北门　　　　　　环城公园方塔　　　　　　金钟烟厂大门

93. 文体中心矗东南

安阳文体中心建设项目位于城市中轴线中部，中华路、永明路、文昌大道、弦歌大道之间，南北长约 1600 米，东西长约 460 米，总用地面积约 54.7 万平方米，总建筑面积约 22 万平方米。建成后总绿地面积约 24.5 万平方米，共设置 4102 个停车位。2017 年 9 月 26 日，安阳文体中心开工奠基。

安阳文体中心分为文化中心、体育中心两大片区，北部文化中心总建筑面积约 9.69 万平方米，大剧院、音乐厅、小剧院、民俗馆、科技馆、文化馆围绕中央大厅布置。文化中心地域文化特色浓郁、品位高雅、设施先进，将高雅艺术与群众文化活动相结合，能够满足大型演艺需求。南部体育中心由体育场、体育馆、全民健身及游泳馆三幢建筑组成，其中体育场约 40000 座席，体育馆约 6000 座席，能够满足举办全国高水平体育赛事、青少年训练和全民健身活动的需要。此外，文体中心集体育、会展、大型演出、休闲娱乐、餐饮购物等配套功能于一体，涵盖道路广场、绿地景观、水域景观、室外运动场地等分项工程。

1995 年 8 月建成的安阳体育馆

新落成的安阳文体中心体育馆

建成后的安阳文体中心，将成为安阳及周边区域软、硬件设施一流的文化体育中心，彰显安阳豫北区域性中心强市的独特文化魅力。2021 年 6 月 28 日晚，安阳市庆祝中国共产党成立 100 周年"永远跟党走"主题晚会，在新落成的市文体中心体育馆激情上演。

94. 老旧小区换新颜

城镇老旧小区改造是一项重大的民生工程，是将城市建设重点由增量逐步转向提升城市品质为主的存量提质改造，它将极大地改善人民群众的生活居住条件。2018 年 3 月，安阳市老旧小区改造工程启动。2019 年出台《百城提质工程老旧小区改造提升实施方案》，改造工作全面提速。截至 2020 年末，已改造老旧小区 466 个，面积 697.24 万平方米，惠及居民 7.18 万余户。

平原路曙光小区的大部分楼栋建成于 1992 年至 1996 年，总建筑面积约 32 万平方米，共有 120 栋砖混结构步梯居民楼，住户 3802 户，常住人口约 1.2 万人。小区内有幼儿园，中、小学各 1 所，中型超市 3 个，医院 1 所，生活配套服务较为健全。作为 2020 年

园丁园小区

曙光小区

老旧小区改造示范项目，小区能效提升与基础设施改造同步展开，外墙保温，雨污分流，道路整修，广场修缮，绿化提升，楼道粉刷，屋面防水，亮化设施，健身器材，热力、强弱电管网入地，充电桩、监控设备安装，社区中心，物业服务等项目落地。这一切都让曙光小区的生活环境发生了质的改善，居住条件显著提升。

文明小区、洹北小区、光华小区、晨峰小区、晨曦小区、工人新村和安钢、纱厂生活区等一大批老旧小区已完成提升改造。实现社区管理网格化、智能化，保障居民居住环境安全，不断提升城市人居环境质量、群众生活质量。安阳市计划于"十四五"时期完成 2000 年以前建成的老旧小区改造任务。

95. 满城绿树映花红

继 2003 年创建为河南省园林城市，2010 年 5 月 28 日安阳市成功创建国家园林城市。当年，城市建成区绿地率达到 32.11%，人均公园绿地面积达成 8.56 平方米，绿化覆盖率 37.05% 的城市绿化指标。此后，安阳市持续实施城市大环境绿化工程。2019 年 11 月 15 日，安阳市荣获"国家森林城市"称号，这一称号是中国目前对城市生态建设的最高评价。

2016 年以来，安阳以绿荫城，以水润城，提升城市绿化品位。安阳城区新建公园、街心游园 102 个，其中百亩以上的公园 15 个，道路绿化提升 131 条（段）。

迎宾公园是 2017 年开工建设的重点绿化项目，集文化演绎、运动休闲、湖岛湿地、艺术地景为一体，总面积 46.09 公顷，是进入城区文峰大道两侧的新城门户公园。位于长江大道与银杏大街交会处东南隅的洪河公园，占地面积 39.8 公顷，利用洪河河道自然走势营建，公园视野开阔，碧水长流，四季常青，景色宜人。还有

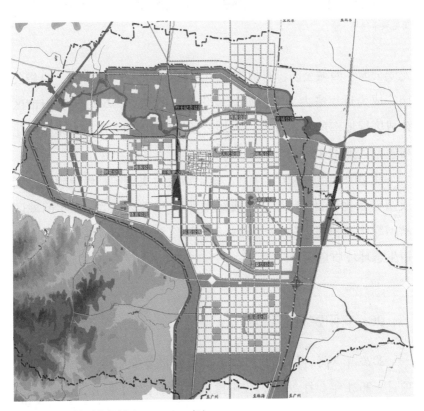

安阳市城市绿地系统规划（2020—2025 年）

新增城市绿地

龙安公园、西城公园、丹枫园等一大批新建的公园、游园、口袋公园，成为近年来大力实施城区绿化营造的亮点。2020年安阳市区建成区绿地率达到36.83%，人均公园绿地面积12.37平方米，绿化覆盖率达到42.16%。

从2018年到2021年7月，安阳市大力实施园林绿化建设，完成园林绿化项目434个，建成绿地面积3539.49公顷，3年间城区新增绿化面积超过前10年的总和。城区绿树婆娑，姹紫嫣红，城市生态环境质量显著改善。

96. 安阳豫东北机场

2020年8月，国家发展改革委员会批复安阳豫东北民用机场项目。2021年2月20日，安阳豫东北机场主体工程开工建设。

豫东北机场位于安阳市汤阴县瓦岗寨乡，为国内支线机场，总

安阳豫东北机场效果图

占地面积 166 公顷，计划投资 12.78 亿元。机场距安阳市区公路35 公里，周边京广铁路、京港澳高速、107 国道、219 省道纵横交错，路网发达。该机场按满足年旅客吞吐量 55 万人次、货运吞吐量 2000 吨 / 日的标准设计，建设一条长 2600 米、宽 45 米的跑道，6000 平方米航站楼和 7 个机位站坪及配套设施。豫东北机场主要服务于安阳周边地区的航空运输需求，兼顾应急救援和通用航空使用。机场建成后，将直接服务安阳、濮阳、鹤壁 3 市 1160 万人口，辐射晋东、冀南、鲁西南 150 公里范围内约 6000 万人口。

安阳豫东北机场建成后，将开通安阳至西安、长沙、上海、重庆、成都、广州、深圳、昆明等 1500 公里上下的航线，标志着安阳航空产业发展即将翻开崭新的一页，成为国内具有独特旅游资源的支线机场。机场的兴建填补了豫东北地区民用航空发展的空白，完善了城市综合交通体系，提升了安阳综合交通枢纽功能，促进了河南省北部跨区域协同发展。

97. 殷墟遗址博物馆

安阳是商代晚期的都城，殷墟甲骨文是汉字的源头、中华文化的根脉。2006 年 7 月 13 日，殷墟跻身世界文化遗产。2017 年 11 月，殷墟甲骨文入选《世界记忆遗产名录》。

殷墟国家考古遗址公园、殷墟遗址博物馆是"十四五"时期国家重点文化工程，对弘扬中华优秀传统文化、保护展示殷墟文物、研究利用甲骨文具有重要意义，将成为殷商文明融入黄河流域生态保护和高质量发展、国家大遗址公园走廊建设的文化新地标。

殷墟遗址博物馆选址于洹河北岸，与殷墟宫殿宗庙区隔河相望。项目方案设计由华南理工大学何镜堂院士主持，以中华文明的国之重器——鼎为设计意象，通过"鼎"元素的抽象、演变，四方为形，内含纵横两轴在洹河之滨破土而出，形成具有殷商文化内涵和考古学意义的"商邑翼翼，四方之极"（《诗经·商颂·殷武》）文化意象，象征鼎立中华大地的文明重器。该项目占地面积 17.87 公顷，建筑规模 5.1 万平方米，主要包括殷墟考古发掘史展厅、出土遗迹展厅、殷商社会生活史展厅、甲骨文展厅、玉器展厅、青铜器展厅和精细考古实验室等，项目总投资估算 10.6 亿元。殷墟遗址博物馆将集中展示殷商文明重要价值、殷墟考古发现重要成果，发挥殷墟大量珍贵文物传承文明、弘扬文化的作用，

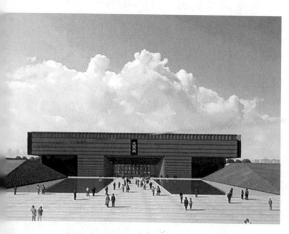

殷墟遗址博物馆效果图

全方位呈现辉煌灿烂的殷商文明，打响安阳殷商文化品牌，增强城市文化影响力。

殷墟遗址博物馆于 2020 年 11 月 23 日开工奠基，预计 2022 年底建成开馆。

98. 东南城角魁星楼

安阳老城的西南、东南两处城墙角，为明太祖洪武八年（1375年）改筑彰德府城时城墙、角楼的历史遗存，栉风沐雨 640 多年，无言记述安阳老城的沧桑变迁。

昔日安阳老城东南城墙角上建有一座魁星楼，亦名魁星阁。中国传统文化中魁星神掌管着文运和科考取士，安阳民间俗语称："文昌帝君开文运，就怕魁星不点头。""魁星取水"成为古代安阳"十六小景"之一。城墙角楼的内部，遗存有过往战争年代修筑的弹药库和射击孔洞，见证着这座城池经历的战火硝烟。

历经岁月磨洗，东南城墙角楼渐趋风化衰败，处于多幢住宅楼

东南城角旧貌

保护修缮后的城墙、角楼

独占鳌头魁星塑像

的围合之中，2018年8月13日的一场暴雨使城角东墙受损。随着古城保护整治复兴的启动，2016年夏，城墙角外侧的住宅楼开始动迁，东南城墙、角楼依据原风貌、原形制进行精心保护修缮。2019年6月，角楼平台、魁星楼主体修复工程完工。角楼西、北两边的城墙分别延伸修复100米、80米。修复后的角楼平台高11.2米、城墙高9.8米、顶部宽6.2米，砌筑为规整的雉堞。魁星楼面阔三间，两重檐，歇山式，雕梁画栋，西北向朝向城内。楼内的魁星塑像独立鳌头，手执判笔昭彰文运。东南城墙角楼两侧的城墙内部，开设为"老城记忆·我的城·我的家"文化展馆。城墙、角楼的外侧拓宽了护城河道，栽

东南城墙角楼夜景

植菖蒲、芦苇，新建两座汉白玉栏杆观景石桥。东南城墙、角楼内外绿植草坪，波光粼粼，夜景璀璨，气势雄浑。

2021年"五一"劳动节，明代城墙遗址公园建成开园，安阳老城东南城角重现"魁星取水"胜景。

99. 两纵两横利出行

2021年11月中旬，安阳市重点民生工程永明路、朝阳路、明福街、岳飞街"两纵两横"市政道路建成通车，城区东南部交通路网配套设施日臻健全。

永明路是一条南北方向的城市主干路，本次施工北起迎春东街，南至文昌大道，长度1661.21米，规划红线宽50米。随着城市东区建设扩展，永明路两侧居住小区林立，商业文化设施汇聚，本次道路南延将进一步改善交通环境，便利居民出行，绿化、亮化将使道路沿线的景观环境大为改善。

朝阳路同为南北方向的城市主干路，该工程北起文明大道，南至文昌大道，全长约2043.99米，规划红线宽50米。作为城区东部的重要城市主干路，朝阳路的建成不仅为单位、企业、居民提供了便利的出行条件，还能缓解周边中华路、光明路的交通压力，推动道路沿线"城中村"改造步伐，促进区域经济发展。

明福街是一条东西方向的城市主干路，西起

新建朝阳路

新建永明路、明福街夜景

中华路，东至光明路，全长 2229.98 米，规划红线宽 45 米。本次工程建成后将成为重要交通干道和展示城市形象的窗口。

岳飞街是一条东西方向的城市道路，本次工程西起永明路，东至光明路，全长约 1550 米。岳飞街北邻安阳市人民医院新院，作为城市东南部的重要城市道路，它的建成将改善区域交通环境，为东区建设发展打下良好的基础。

100. 南城河景耀古城

彰德府城自明代初年改筑，引万金渠水环绕安阳老城，护城河全长 6328.8 米，现有明渠河段 4649 米，被建筑物覆压的暗渠河段 1679.8 米。护城河与城内坑塘相贯通，是万金渠南、北干渠的输水河道，兼具护卫城池、防洪排涝、农田灌溉的功能，成为城市历史与人文水系相互交融的重要载体。

南护城河整治工程是安阳古城保护复兴的重要组成部分。自文

南护城河今貌

峰塔畔褡裢坑起始，向南经三角湖至东南城角魁星楼，河道全长约 2.64 公里。规划设计方案重点营造以褡裢坑、三角湖、镇远门、东南角楼为核心的景观节点，包含"文峰耸秀""角楼夜映""镇远城壕""舍后清渠"4 个主景观单元。通过护城河景观的重塑，串联起上述重要节点，再现古城风貌，构建以古城水系为载体的城市水系绿化体系。护城河两岸建设生态景观廊道、亲水驳岸，满足文化体验、生态重塑、休闲观光、康体健身等多方面的需求。2021 年夏，三角湖、镇远门片区环境整治开始实施。

　　整治后的南护城河，水面宽度达到 9—12 米，将以"一水护城，碧带环廊，清水长流，绿树成荫"的秀美景色，装点美轮美奂的安阳古城。

南城水系

245

摄　　影

胡建国　许子长　李自省　麻江盟　郭　平

张洪斌　杨润智　彭存希　尚红军　尚保国

吴强军　鲍　伟　刘　红　柏春梅　张喜兰

古城甲　臣本布衣　安　平　安　民

历史图片、地图提供

尉江华　乔利军　刘志伟　刘彦军　杨　奇

吴强军　韩宝丰　朱小序

参考文献

一、地方志

1. ［明］崔铣:《（嘉靖）彰德府志》,《天一阁藏明代方志选刊》（64）,1964 年上海古籍书店据宁波天一阁藏明嘉靖本影印。

2. ［清］卢崧修,［清］江大键纂,乔利军点校:《（乾隆）彰德府志》,九州出版社 2021 年版。

3. ［清］贵泰、［清］武穆淳等纂:《（嘉庆）安阳县志》,中国地方志丛书·华北地方·第一〇八号,（台湾）成文出版社 1968 年根据嘉庆二十四年刊本影印。

4. 方策、王幼侨修,裴希度等纂:《（民国）续安阳县志》,中国地方志丛书·华北地方·第一〇八号,（台湾）成文出版社 1968 年根据民国二十二年铅字重印本影印。

5. 安阳市城乡建设环境保护局:《安阳市城市建设志》（上、下册）,1985 年编印本。

6. 安阳市城市建设志编纂委员会:《安阳市城市建设志》,中国建筑工业出版社 1997 年版。

7.《安阳市建筑志》编辑室:《安阳市建筑志》,中国展望出版社 1989 年版。

8. 安阳市市志编写委员会:《安阳市志》（草稿）,1960 年抄本。

9. 安阳市地方史志编纂委员会:《安阳市志》,中州古籍出版社

1998 年版。

10. 安阳市地方史志编纂委员会:《安阳市志》(1988—2000),中州古籍出版社 2008 年版。

11. 安阳市文峰区地方史志编纂委员会:《安阳市文峰区志》,中州古籍出版社 2008 年版。

二、古籍

1.［晋］陈寿:《三国志》,中华书局 1959 年版。

2.［宋］郭茂倩编:《乐府诗集》,文渊阁《四库全书》本。

3.［清］阮元校刻:《十三经注疏》,中华书局 1980 年版。

4.［清］吴永口述,刘治襄记:《庚子西狩丛谈》,《民国丛书》第五编(68),道德书局中华民国三十二年(1943 年)版。

三、著作

1. 安民:《城脉安阳》,线装书局 2016 年版。

2. 安民:《城现安阳》,北京工艺美术出版社 2021 年版。

3. 吕何生:《洹北集》,安阳古都学会 2021 年编印本。

4. 许作民:《爱我古都安阳》,中州古籍出版社 1999 年版。

5. 许作民:《安阳古代纪事》,中州古籍出版社 2007 年版。

6. 许作民:《安阳古今地名考》(增补本),中州古籍出版社 2016 年版。

7. 李自存:《谢国桢》,河南人民出版社 2016 年版。

8. 安阳市地名委员会办公室:《河南省安阳市地名资料汇编》,安阳市地名委员会办公室 1986 年编印本。

9. 安阳市统计局:《古都安阳放异彩》(1949—1988),安阳市统计局 1989 年编印本。

10. 安阳市档案局:《赏阅珍档——回望安阳历史瞬间》,万卷出版社 2013 年版。

11. 河南省近代建筑史编辑委员会:《河南省近代建筑史》,中国建筑工业出版社 1995 年版。

四、其他

1. 安阳市地方史志办公室编纂:《安阳年鉴》(1999—2021),方志出版社、中州古籍出版社出版。

2.《安阳日报》《安阳晚报》《安阳广播电视报》刊载相关消息、报道。

3. 安阳市市政建设工程指挥部办公室编印简报信息。

4. 安阳市城市建设档案馆馆藏档案资料。

后 记

安阳洹园有一副对联："千年古都百回演义，一掬洹水半部春秋。"

品读古都安阳这一部鸿篇巨制，从卷帙浩繁的历史长卷中截取百篇经典图文，将这些"截图"拼贴成为一册简约的城市影像志，呈现这座城市的历史风貌、人文风情、城建历程的成长年轮，一直以来萦绕于怀。

城市是一本打开的书，有封面、扉页，字里行间，城市成长变迁的轨迹隐含其间，光影陆离，色彩斑斓，起伏跌宕，波澜壮阔。凭借方志、文献、城建档案的记录，穿越历史时空，定格城市光影，让尘封的城市历史影像变得清晰起来。传承文明，分享光荣，阅读城市，鉴往知来。

安阳，一座阅尽历史沧桑的七朝古都，有着独具特色的文化基因和历史人文禀赋。以殷墟甲骨文、周易文化为代表的殷都文化，以曹魏文化、建安文学为代表的邺都文化，以明清彰德府城为代表的古城文化，共同构成安阳大古都的核心内涵。"名城"和"古都"是安阳最值得珍视的文化资源和城市名片。传统文化期待着与现代文明的深度融合、交相辉映。

"中国八大古都系列文化丛书·安阳卷"由《安阳古都风采》《安阳名城韵味》《安阳影像图志》三册组成。本书即《安阳影像图志》分上、下两编，上编"城脉篇"自公元前1300年盘庚迁殷至

1949 年安阳解放；下编"城迹篇"自 1949 年新中国成立至 2021 年中国共产党百年华诞。追寻厚重历史足迹，萃取百篇影像图志，期待它能成为一本"百度"认知古都安阳的导览图册。

2018 年初，我开始撰写《安阳影像图志》上编"城脉篇"50 篇，2020 年 9 月续写下编"城迹篇"后 50 篇。经冬历夏，四度寒暑，于碎片化的材料和时间中采集基础资料，这是建筑《安阳影像图志》的砖木砂石，百篇图文依时序选材谋篇，需要博观约取大量文献资料。亲历 30 余载城市建设变迁，之前所工作的工程指挥部办公室形成的简报、材料成为重要一手资料。长期集报、剪报累积的城建报道是每一个城建项目、历史事件的原真记录。文稿中涉及众多文化古迹、史实、事件、年代、数据，均从档案编研的视角加以整合，尽量做到于史有据，略古详今，资料翔实，但也难以完全精确无误。书中选用的城市影像图片，除本书编著者拍摄外，另一部分源于档案资料、师友作品、好友微信公众号，在此并致谢忱。

安阳古都学会、安阳市城建档案馆、中国文史出版社对"安阳卷"编纂给予大力支持和帮助。《安阳影像图志》是"安阳卷"《安阳古都风采》《安阳名城韵味》的姊妹编，品读城市的心路历程，感恩岁月与这座城，一同融入我们的生命。本书编写中，安阳古都学会会长刘朴兵教授审阅校正书稿，并为"安阳卷"作序。摄影艺术家吴强军先生为本书提供部分珍贵历史图片。中国文史出版社编辑同志给予悉心校阅和规范，为"安阳卷"精心编排版式。谨此向各位学人师友致以诚挚的感谢！

书中的不确和舛误之处，诚祈读者朋友不吝批评赐教。

安 民

2021 年 12 月 12 日